W0051536

STARK in KLAUSUREN

Verfassen eines Essays

Claudia Mutter

Oberstufe

Bildnachweis
Umschlagbild, S. 2: Stuart Kinlough/getty images
S. 1: © Sergey Nivens – fotolia.de
S. 3: Peter Booth/Getty Images
S. 8: © alphaspirit – fotolia.de
S. 9: Liviu Ionut Pantelimon. Shutterstock
S. 17: Fotovika. Shutterstock
S. 18: picture-alliance/dpa-infografik
S. 19 (oben): Heiko Sakurai
S. 19 (unten): © Klaus-Peter Adler – Fotolia.de
S. 24: © ne2pi – fotolia.de
S. 26: © contrastwerkstatt – fotolia.de
S. 29: © LaCozza – fotolia.de
S. 31: © Verypics – fotolia.de
S. 36: © AK-DigiArt – fotolia.de
S. 39: picture alliance/Ikon Images
S. 41: Pete Saloutos. Shutterstock
S. 42, 100: ©7 Wochen ohne 2012, Titelfoto: Sebastian Arlt
S. 43: © Ji Zhou – fotolia.de
S. 45: © Stefan Schurr – fotolia.de
S. 47: Shell Jugendstudie 2015 © Shell Deutschland Oil GmbH
S. 59: © emeritus2010 – fotolia.de
S. 61: bpk/Kupferstichkabinett, SMB/Knud Petersen
S. 63: Frank Bienewald/Getty Images
S. 64: picture alliance/dpa
S. 65: © Julien Eichinger – fotolia.de
S. 67: Freimut Woessner; www.f-woessner.de
S. 68: © Christian Müller – fotolia.de
S. 77: connel. Shutterstock
S. 78: Quint Buchholz, BuchBilderBuch © 1997 Sanssouci im Carl Hanser Verlag München
S. 81: © Sergey Nivens – fotolia.de
S. 84: Andreas Praefcke, lizenziert unter cc-by-3.0
S. 85: Anthony Lee/Getty Images
S. 87: © Vadim Andrushchenko – fotolia.de
S. 90: © magdal3na – fotolia.de
S. 91: © linda_vostrovska – fotolia.de
S. 92 (groß): Nifoto, lizenziert unter cc-by-sa-3.0
S. 92 (klein): © Katja Eggers
S. 94: © Disney
S. 95: Fussel/toonpool.com

© 2016 Stark Verlag GmbH
www.stark-verlag.de

Das Werk und alle seine Bestandteile sind urheberrechtlich geschützt. Jede vollständige oder teilweise Vervielfältigung, Verbreitung und Veröffentlichung bedarf der ausdrücklichen Genehmigung des Verlages.

Inhaltsverzeichnis

Vorwort

Liebe Schülerin, lieber Schüler,

die Aufgabenart „**Verfassen eines Essays**" zielt auf eine Textsorte ab, die ganz unterschiedliche Darstellungsformen umfasst: Sachliche und kreative, berichtende und erzählende, erörternde, beschreibende sowie schildernde Elemente – und vieles mehr – können im Essay vorkommen. Der Essay ist also eine recht offene Schreibform. Wie Sie diese anspruchsvolle und interessante Aufgabenart erfolgreich bewältigen können, lernen Sie mit dem vorliegenden Übungsbuch.

■ Im einleitenden Teil dieses Buchs finden Sie eine differenzierte Erläuterung der **Aufgabenart**. Anschließend werden **Vorgehensweisen** beim Bearbeiten der Aufgabenstellung **Schritt für Schritt** erklärt. Wissensboxen, grafische Übersichten, Beispiele und Zeithinweise erleichtern hierbei das Verständnis.

■ Im zweiten Teil werden Sie mithilfe von zwei **Beispielaufgaben** auf das Verfassen eines Essays vorbereitet. Dabei lernen Sie Methoden und Strategien kennen, um in den Schreibprozess einzusteigen und ihn zu strukturieren. Bei zwei **Prüfungsaufgaben** können Sie Ihre neu erworbenen Kompetenzen anwenden.

■ **Checklisten** am Ende jeder Aufgabe bieten Ihnen die Möglichkeit, konkret zu überprüfen, inwieweit Sie die jeweiligen inhaltlichen und methodischen Anforderungen (schon) meistern. Mithilfe der **Musterlösungen** am Ende des Buchs können Sie Ihre eigenen Lösungen dann selbstständig überdenken und überarbeiten.

Viel Freude beim Üben und viel Erfolg bei Ihrer nächsten Klausur wünschen Ihnen der Verlag und

Claudia Mutter

Verfassen eines Essays – Wie geht das?

Statt einer Einführung

„STARK in Klausuren: Verfassen eines Essays" – ein vielversprechender Titel für eine kleine Handreichung, die Ihnen, liebe Schülerin, lieber Schüler, dabei helfen soll, Ihre Kompetenzen im Essay-Schreiben zu verbessern.

Sie fragen: Was für Kompetenzen denn? Ich weiß doch gar nicht, was ein Essay überhaupt ist! Jaja, im Abi kommt er dran und er soll gar nicht so einfach sein. Andererseits geht das Gerücht, es gebe Lehrer, die ihre Schülerinnen und Schüler geradezu auf Essays trimmen. So schwer kann's dann ja doch nicht sein, einen Essay zu schreiben. Oder?

Wie immer ist die Antwort auf solch eine Frage kein eindeutiges Ja oder Nein. Versuchen wir es also der Reihe nach, ganz systematisch, und beginnen bei der Worterklärung des Begriffs „Essay": „Substantiv, maskulin oder Substantiv, Neutrum – Abhandlung, die eine literarische oder wissenschaftliche Frage in knapper und anspruchsvoller Form behandelt" – das sagt Duden-online. Und etwas weiter unten auf der Seite des digitalen Wörterbuchs findet man folgenden Eintrag: „Aufsatz im Sprach-, besonders im Deutschunterricht, über ein bestimmtes Thema unter Berücksichtigung bestimmter formaler und stilistischer Prinzipien angefertigte Niederschrift, kürzere Abhandlung über ein bestimmtes Thema". Sind Sie jetzt klüger? Ist Ihnen klar geworden, welcher Art das Produkt Ihrer Schreibversuche sein soll?

Apropos Schreibversuche: Lassen Sie uns ein wenig abschweifen von Abhandlung, Aufsatz und Niederschrift und den/das Essay an seiner etymologischen Wurzel fassen. *Essayer* – das Wort kommt Ihnen bekannt vor? Ja, klar, im Französischen heißt das soviel wie *versuchen, prüfen, testen, ausprobieren, anprobieren* – z. B. ein Paar Schuhe, einen Anzug, ein Kleid. Passt scho!, sozusagen.

Im Ernst, für das Essayschreiben können Sie folgende Erkenntnis mitnehmen: Probieren geht über Studieren. Will heißen: Essayschreiben lernt man durch Essayschreiben. Diesen Spruch haben Sie vermutlich leicht variiert schon aus dem Mund Ihres Deutschlehrers gehört: Schreiben lernt man durch Schreiben. Da hilft alles nichts: Sie müssen einen Stift in die Hand nehmen oder den Laptop öffnen und loslegen. Machen Sie doch gleich mal eine Lesepause und schreiben Sie alles auf, was Ihnen spontan zum Thema *Schreiben* einfällt – drei Minuten lang, ohne Pause, ohne langes Überlegen, direkt von der Hand aufs Papier!

Und, hat es geklappt?

Sie ahnen allmählich: Mit rein systematischem Denken und der sogenannten „Aufsatzlehre" – man nehme Einleitung, Hauptteil, Schluss und halte sich an klare Regeln – bekommt man den Essay nicht in den Griff. Assoziatives Denken, Experimentierfreude, Spontaneität sind Prinzipien, die beim Essay weiterführen als das Abarbeiten vorgegebener Schemata. *Anything goes,* werden Sie jetzt sagen, das also ist des Pudels Kern!

Ja, das hätten Sie wohl gerne, wie so viele Schülerinnen und Schüler in ganz Deutschland, die sich mit dem Essay als Prüfungsform herumschlagen müssen. Ein bisschen drauflosschreiben im Plauderton, so formulieren, wie Ihnen „der Schnabel gewachsen ist", lässig umgehen mit Regeln, inklusive denen für Rechtschreibung und Grammatik, spontanen Einfällen folgen und einfach den Schlusspunkt setzen, wenn der Ideenfluss versiegt.

Leider müssen wir Sie hier enttäuschen. So *easy* geht es auch beim *Essay* nicht zu. Sie erinnern sich an die Duden-Definition? Da war von *anspruchsvoller Form* und der *Berücksichtigung bestimmter formaler und stilistischer Prinzipien* die Rede. Denn der Essay ist nicht einfach eine beliebige Schreiberei, sondern der ernsthafte Versuch, ein Thema von gesellschaftlicher Relevanz für sich selbst und ein (vorgestelltes) Lesepublikum schriftlich so abzuhandeln, dass dieses etwas Substanzielles daraus mitnehmen kann. Deshalb gilt: Jeder Essay ist ein Aufsatz, aber nicht jeder Aufsatz auch ein Essay – frei nach dem Literaturkritiker und Journalisten Marcel Reich-Ranicki (1920–2013).

Im Aufsatzschreiben haben Sie zum Glück im Laufe Ihres Schülerlebens schon viel **Erfahrung** angesammelt: mit persönlichen Erlebniserzählungen und sachlichen Berichten, objektiven Beschreibungen und subjektiven Schilderungen, begründeten Stellungnahmen, linearen und dialektischen Erörterungen, Leserbriefen und Informationstexten – und auch mit manch kreativer Schreibaufgabe, bei der es auf freies Gestalten ankommt.

Der Essay ist also eine **neue Schreibaufgabe**, bei der Sie auf **alte Schreiberfahrungen** aus dem Deutschunterricht, aber auch aus anderen Fächern zurückgreifen können. Laut einer viel zitierten Definition gleicht er einem Gedankenspaziergang. Mit dieser Metapher wollen wir uns dem Schreibprozess und der Textsorte annähern. Seien sie herzlich willkommen zu einer kleinen Promenade durch den **Abitur-Aufgabentyp Essay**!

Gleich am Start bekommen Sie ein Thema (zur Übung, in der Klausur, im Abitur) vorgelegt. Außerdem erhalten Sie ein Dossier aus unterschiedlichen Materialien, z. B. kurze Texte, Karikaturen, grafische Darstellungen statistischer Erhebungen und Ähnliches – oder ganz anderes! Mögliche **Etappen** Ihres Spazierwegs sind damit schon ausgeschildert. Die Materialien des Dossiers können Sie als **Stationen** auf dem Spazierweg Ihrer Gedanken betrachten. Sie zeigen Ihnen nicht nur, wo es lang gehen könnte, sondern eröffnen immer wieder **neue Ansichten und Aussichten auf das Thema**. So wird es Ihnen leichtfallen, Ihren Gedankengang geistreich, interessant und unterhaltsam zu gestalten. Vergessen Sie dabei jedoch nie, im Modus des Promenierens zu bleiben: Wanderung, Klettertour, Marathonlauf oder gar Wettrennen sind nicht angesagt! **„STARK in Klausuren: Verfassen eines Essays"** zeigt Ihnen Wege auf, wie Sie Gedanken finden und erfinden können, um ans **Ziel** zu gelangen: einen überzeugenden Essay zu verfassen!

1 Lesen Sie den essayistischen Text:

a Stellen Sie zusammen, welche Informationen über das Verfassen eines Essays Sie erhalten.

b Untersuchen Sie, welche Merkmale des Essays in dem Text bereits umgesetzt sind.

2 Betrachten Sie das Bild von Seite 3. Beschreiben Sie die Situation, in der sich die Person befinden könnte.

3 Übertragen Sie die Situation auf das Schreiben eines Essays: Was geht dem Schreiber wohl durch den Kopf?
Verfassen Sie dazu einen inneren Monolog.

Allgemeines

1   Die Aufgabenart

Die nationalen „Bildungsstandards im Fach Deutsch für die Allgemeine Hochschulreife" geben für die gymnasiale Oberstufe das Verfassen eines Essays als Aufgabe vor. Der Essay wird dabei als Mischform der beiden Grundmuster des materialgestützten Schreibens definiert, denn er enthält sowohl argumentierende als auch informierende Elemente.

Aufgabenart	Textbezogenes Schreiben	Materialgestütztes Schreiben
	■ Interpretation literarischer Texte ■ Analyse pragmatischer Texte ■ Erörterung literarischer Texte ■ Erörterung pragmatischer Texte	■ Materialgestütztes Verfassen informierender Texte ■ Materialgestütztes Verfassen argumentierender Texte

In unterschiedlichen Aufgabenarten schreiben (Quelle: Bildungsstandards im Fach Deutsch für die Allgemeine Hochschulreife. Beschluss der Kultusministerkonferenz vom 18. 10. 2012)

Das Verfassen eines Essays gehört zu den gestaltenden Schreibaufgaben. Diese verlangen Wissen, Können und ein gewisses Maß an Kreativität, denn Sie als Verfasser sollen „eigene Ideen, Fragestellungen, Ergebnisse von Textanalysen und -interpretationen in kreativ gestalteten Texten fest[halten]" (Bildungsstandards, S. 17). Dabei zeigen Sie, dass Sie „ästhetische, epistemische[1], reflexive Textformen wie [den] Essay […] zur Selbstreflexion, Wissensbildung und Entfaltung des ästhetischen Ausdrucksvermögens in literarischen oder pragmatischen Zusammenhängen verwenden" können. Hier wird bereits deutlich, dass es sich beim Essay um eine anspruchsvolle und komplexe Aufgabe handelt.

Sie müssen dabei jedoch nicht bei Null anfangen, sondern können auf zahlreiche Textverarbeitungs- und Schreibkompetenzen zurückgreifen, die Sie in der Unter- und Mittelstufe erworben haben. Insbesondere die Analyse pragmatischer und literarischer Texte haben Sie genauso wie das Argumentieren bereits in vielfältigen Formen geübt. In der Oberstufe werden Sie diese Fähigkeiten sukzessive weiterentwickeln.

Abgrenzung des Essays von anderen Aufgabentypen des Abiturs
Was unterscheidet den Essay von den anderen Aufgabentypen des schriftlichen Abiturs? Diese wichtige Frage soll im Folgenden geklärt werden.

---

1 epistemisch: das Wissen, die Erkenntnis betreffend

- Im Interpretationsaufsatz setzen Sie sich mit literarischen Texten, z. B. Gedichten, Kurzprosatexten, Ausschnitten aus Romanen, Erzählungen oder Dramen, auseinander. Verlangt wird eine tief gehende und genaue Analyse der vorgelegten Texte, und zwar in inhaltlicher, sprachlicher und formal-ästhetischer Hinsicht.

- In der textgebundenen Erörterung analysieren Sie einen nicht-fiktionalen Text (pragmatischer Text, z. B. meinungsbildender Zeitungsartikel, Sachtext) und setzen sich argumentativ mit der Position des Autors oder der Autorin auseinander.

- Beim Essay hingegen geht es nicht um textbezogenes Schreiben wie beim Interpretations- und Argumentationsaufsatz, sondern um materialgestütztes Schreiben. Das bedeutet: Als Grundlage für den Essay wird Ihnen zu einem bestimmten Thema eine Zusammenstellung unterschiedlicher Materialien, ein sogenanntes Dossier, vorgelegt; literarische und pragmatische Texte, aber auch Grafiken, Fotos, Zeichnungen, Diagramme, Cartoons usw. können dazu gehören. Diesen Materialpool sollen Sie zügig sichten, um themenrelevante Sachinformationen herauszufiltern sowie Aussageabsichten zu erschließen und mit Ihrem eigenen Allgemeinwissen zu verknüpfen. Textinternes und textexternes Wissen können Sie so in einen überzeugenden Schreibplan einfließen lassen, der auch die (potenziellen, intendierten) Adressaten berücksichtigt. Die Kenntnisse und Fähigkeiten, die Sie bei dieser anspruchsvollen Aufgabenart erwerben und vertiefen, sind übrigens nicht nur für den schulischen Erfolg in unterschiedlichen Fächern (Deutsch, aber auch Geschichte, Gemeinschaftskunde und andere) von Bedeutung, sondern spielen darüber hinaus im Studium und im Beruf sowie ganz generell im gesellschaftlichen Leben eine wichtige Rolle.

Orientierungspunkte des Schreibauftrags

Für den Aufgabentyp *Verfassen eines Essays* finden Sie in den folgenden Kapiteln umfang- und abwechslungsreiche Trainingsmöglichkeiten. Neben allgemeinen Informationen stellen wir Ihnen auch zwei Übungsbeispiele auf den Seiten 39 und 59 sowie zwei Prüfungsaufgaben auf den Seiten 77–95 zur Verfügung, die Sie selbstständig bearbeiten sollen. Ihre Ergebnisse können Sie mithilfe der Lösungsvorschläge (ab S. 98) überprüfen und gegebenenfalls überarbeiten.

2 Kompetenzziele in der Oberstufe

Wie schon erwähnt: Bei der Aufgabenart Essay handelt es sich um eine Mischform, die sich den beiden Grundmustern des materialgestützten Schreibens (s. o.: Verfassen informierender Texte und argumentierender Texte) zuordnen lässt. Beide Formen werden im Folgenden genauer beleuchtet.

2.1 Materialgestütztes Verfassen informierender Texte (1. Oberstufenjahr / Einführungsphase)

Ziel dieser Aufgabenart ist es, Leser und Leserinnen so zu informieren, dass sie die wesentlichen Aspekte eines Themas oder Sachverhalts erfassen können. Als Wissensbasis erhalten Sie Materialien, aus denen Sie Informationen entnehmen und die Sie mit eigenem Wissen anreichern sollen. Damit die Schreibaufgabe einen „Sitz im Leben" bekommt, wird in der Schule häufig eine Kommunikationssituation simuliert.

Folgende Aufgabenstellungen für das Verfassen materialgestützter informierender Texte sind denkbar:

- Verfassen Sie einen Lexikonartikel zum Thema …
- Entwerfen Sie einen Informationsflyer zum Thema …
- Verfassen Sie Abstracts (knappe Zusammenfassungen) der vorgelegten Texte zum Thema …
- Verfassen Sie einen Beitrag für eine Online-Enzyklopädie (z. B. Wikipedia) zum Thema …

Ihr Text soll den Adressaten ein inhaltlich richtiges Verständnis des Themas ermöglichen. Er enthält Aussagen zum Sachgegenstand, aber auch erläuternde Abschnitte.

┌─ WISSEN ─────────────────────────────

Kompetenzen für das Verfassen eines informierenden Textes:

■ relevante Informationen der Texte des Materialdossiers erfassen (Textverstehen)

■ Textaussagen exzerpieren und mit eigenem Wissen verknüpfen (Schreibprozess planen)

■ ein Schreibziel umsetzen, das durch die Aufgabenstellung vorgegeben ist (Textproduktion)

2.2 Materialgestütztes Verfassen argumentierender Texte (2. und 3. Oberstufenjahr/Qualifikationsphase)

Viele Texte, mit denen Sie sich in der Oberstufe befassen, werfen ein Problem auf. Sie sollen ihnen nicht nur Informationen entnehmen, sondern sie kritisch lesen. In Ihrem Aufsatz prüfen Sie die vorgebrachten Argumente und entwi-

ckeln argumentativ eine eigene Position. Vorschläge für einen Problemlösungsansatz oder ein Handlungskonzept runden Ihren Aufsatz ab.

Auch bei dieser Aufgabenart stützen Sie sich auf ein Materialdossier aus Texten und Materialien unterschiedlichster Art und mit verschiedenen Standpunkten.

┌─ WISSEN ─────────────────────────────

Kompetenzen für das Verfassen eines argumentierenden Textes:

■ relevante Informationen der Texte des Materialdossiers und die unterschiedlichen Standpunkte erfassen (Textverstehen)

■ Textaussagen exzerpieren und mit eigenem Wissen verknüpfen, wobei eigene und fremde Standpunkte differenziert beurteilt werden (Schreibprozess planen)

■ ein Schreibziel umsetzen, das durch die Aufgabenstellung vorgegeben ist, und dabei die eigene Position formulieren und argumentativ stützen (Textproduktion)

2.3 Verfassen eines Essays

Für das Verfassen eines Essays können Sie auf die oben beschriebenen Kompetenzen (2.1. und 2.2) zurückgreifen: informieren und argumentieren. Allerdings geht die Textsorte Essay wesentlich über diese beiden Schreibformen hinaus. Beim Essay müssen Sie sich mit einem anspruchsvollen Thema von gesellschaftlicher Bedeutung auf anregende und interessante Weise persönlich auseinandersetzen.

Im Unterschied zur Erörterung strebt der Essay keine streng logische Argumentation an, die das Für und Wider einer strittigen Frage sachlich klärt, sondern stellt eine facettenreiche, subjektive und ergebnisoffene Annäherung an ein Thema dar. Er ist ein Versuch, wie die Wortherkunft aus dem Französischen, „essai", besagt. Dabei will der Essayschreiber den Leser oder die Leserin zum eigenständigen Denken anstiften. Ein erstes Beispiel für diese Art des Schreibens finden Sie in dem essayistischen Text am Anfang dieses Buchs.

Auch beim Essay handelt es sich um eine materialgestützte Aufgabenart, bei der Ihnen ein Dossier vorgelegt wird.

WISSEN

Kompetenzen für das Verfassen eines essayistischen Textes:

- relevante Informationen aus den vorgelegten Texten und Materialien entnehmen
- die darin enthaltenen unterschiedlichen Standpunkte erfassen (Textverstehen)
- Textaussagen exzerpieren und mit eigenem Wissen verknüpfen
- eigene und fremde Standpunkte differenziert beurteilen; eigene Ideen entwickeln (Schreibprozess planen)
- ein selbst gesetztes oder durch die Aufgabenstellung vorgegebenes Schreibziel umsetzen und dabei die eigene Position zu einem Thema oder einer Problemfrage formulieren
- verschiedene Schreibstrategien und Schreibhaltungen anwenden, u. a. informieren, argumentieren, schildern, erzählen, provozieren, ironisieren, appellieren (Textproduktion)

Die fünf Arbeitsschritte

Schritt 1: Die Aufgabenstellung erfassen

Verwenden Sie in der Klausur nicht mehr als **5 Minuten** auf die Arbeitsschritte 1.1 bis 1.4.

1.1 Arbeitsanweisung und Dossier

Beim Aufgabentyp Essay lautet die Arbeitsanweisung lediglich: *Verfassen Sie einen Essay zum Thema …*

Wegen der großen Offenheit und Formenvielfalt des Essays wird auf weitere Operatoren, z. B. *argumentieren, analysieren, untersuchen, vergleichende Betrachtungen anstellen, kritisch Stellung nehmen, erörtern, erläutern, gestalten* verzichtet. Sie müssen deshalb für sich selbst die **Aufgabe präzisieren** und überlegen, was aus Ihrer Sicht für das Thema wichtig ist, wie Sie dazu stehen und welche Schreibhaltungen dazu passen:

■ Soll Ihr Essay informierende, berichtende, erörternde, beschreibende, schildernde, erzählende, appellierende Elemente enthalten?

■ Passt ein feuilletonistischer, eventuell ironischer Tonfall oder eher ein sachlich-ernster, philosophischer Stil? usw.

Erste Hinweise für die Beantwortung dieser Fragen finden Sie im Materialdossier, das Ihnen vorgelegt wird. Um es für Ihren eigenen Text gezielt nutzen zu können, sollten Sie es zunächst sichten.

Dabei empfiehlt sich folgendes **Vorgehen:**

■ Blättern Sie das Dossier durch und verschaffen Sie sich einen **Überblick** über die Art der Materialien (z. B. Sachtexte, Grafiken, poetische Texte usw.).

■ Überlegen Sie, was **neu für Sie ist** und wo Sie an bereits vorhandenes **Vorwissen** anknüpfen können. Fragen Sie sich auch, ob und inwiefern Sie sich von dem Thema und den Materialien persönlich angesprochen fühlen.

■ Machen Sie sich klar, welcher **Bezug zwischen dem Thema des Essays und den Inhalten der Materialien** besteht oder hergestellt werden kann.

1.2 Thema

„Thema verfehlt!" Das kann auch beim Essay trotz seiner großen Offenheit passieren. Deshalb gilt: Führen Sie eine sehr genaue Themenanalyse durch und klären Sie, welches Sachthema Ihr Essay behandeln soll:

- Was ist das Hauptthema, das zentrale Problem? In welche Frage lässt es sich möglicherweise umformulieren?

- Welche unterschiedlichen Facetten, welche Neben- und Unterthemen sind enthalten?

- Welche Begriffe kommen im Thema vor? Was bedeuten sie?

- Aus welchem (Lebens-)Bereich stammt das Thema? Welche Bereiche berührt es?

BEISPIEL

Das Thema lautet „Macht des Sports" (Abiturprüfung Allgemeinbildendes Gymnasium Baden-Württemberg 2015). Es geht also um den Lebensbereich Sport, und zwar unter dem Aspekt des Phänomens Macht. Der Begriff „Sport" wird im Duden als „nach bestimmten Regeln [im Wettkampf] aus Freude an Bewegung und Spiel, zur körperlichen Ertüchtigung ausgeübte körperliche Betätigung" definiert. „Sport" ist ein Oberbegriff, der unterschiedliche Sportarten umfasst, z. B. Fußball, Tennis, Gymnastik, Schwimmen usw. Unter dem zweiten Themen-Stichwort „Macht" finden sich im Duden u. a. folgende Definitionen:

> **1** Gesamtheit der Mittel und Kräfte, die jemandem oder einer Sache andern gegenüber zur Verfügung stehen; Einfluss; **2** etwas, was eine besondere bzw. geheimnisvolle Kraft darstellt, besitzt; **3** mit dem Besitz einer politischen, gesellschaftlichen, öffentlichen Stellung und Funktion verbundene Befugnis, Möglichkeit oder Freiheit, über Menschen und Verhältnisse zu bestimmen, Herrschaft auszuüben.
> Zu unterscheiden sind also die Macht über etwas und die Macht zu etwas.

Sie sehen: Auch bei bekannten Begriffen lohnt es sich, wenn Sie im Wörterbuch nachschlagen, das Ihnen in der Klausur zur Verfügung steht.

In einem weiteren Schritt können Sie nun das Thema in eine oder mehrere Fragen umformulieren:

BEISPIEL

- Welche Macht, welchen Einfluss, welchen Stellenwert hat der Sport in unserem Leben, in unserer Gesellschaft?

- Besitzt der Sport selbst Macht oder sind es nicht vielmehr die Menschen, die in diesem Bereich tätig sind?

- Welche dieser Menschen sind mächtig: die Sportler, die Funktionäre, die Fans?
- Wenn Sport Macht hat: inwiefern, über wen, zu was?
- Ist die These von der „Macht des Sports" für alle Sportarten gleichermaßen gültig?
- Überall auf der Welt?
- Zu allen Zeiten? usw.

Auf diese Weise kommen Sie zu einer **differenzierten Themenanalyse** und entdecken, welche Bereiche das Thema berührt.

BEISPIEL

Beim Thema „Macht des Sports" werden Sie feststellen, dass es eine ganze Bandbreite von Bereichen betrifft, deren Betrachtung ergiebig sein kann, z. B.:
- **Wirtschaft:** Sport ist ein wichtiger Wirtschaftsfaktor.
- **Politik:** Sport kann als Machtinstrument eingesetzt werden, kann nationale Identität herstellen oder festigen.
- **Ökologie:** Viele Sportarten und manche Sportereignisse sind ökologisch bedenklich, z. B. Zerstörung der Natur durch Skipisten u. a.
- **Gesellschaft:** Erfolg im Sport kann den sozialen Aufstieg befördern.
- **Kultur:** Sportliche Aktivitäten gehören zur modernen Freizeitkultur.
- **Religion:** Sport dient als Ersatz für Religion.
- **Medien:** Sportveranstaltungen (Fußball, Olympiade, Autorennen usw.) sind mediale Ereignisse.

WISSEN

Mögliche Themenbereiche sind:

■ Gesellschaft	■ Sport	■ Sprache
■ Politik	■ Kultur	■ Literatur
■ Wirtschaft	■ Religion	■ Medien
■ Ökologie		

1.3 Die Textsorte Essay

Da Sie die Textsorte Essay bereits aus dem Unterricht und eventuell aus Ihrer privaten Leseerfahrung kennen, wissen Sie: Essays können sehr unterschiedlich gestaltet sein. Als Orientierungshilfe beim Verfassen Ihres eigenen Essays kann die Definition des Online-Lexikons Wikipedia dienen: Der Essay ist „eine geistreiche Abhandlung, in der wissenschaftliche, kulturelle oder gesellschaftliche Phänomene betrachtet werden. Im Mittelpunkt steht die persönliche Auseinandersetzung des Autors mit seinem jeweiligen Thema. Die Kriterien wissenschaftlicher Methodik können dabei vernachlässigt werden; der Schreiber hat also relativ große Freiheiten." (Wikipedia, Aufruf am 02.09.2016)

Auf dieselbe Frage, „Was ist ein Essay?", antwortet der Schriftsteller Hans Magnus Enzensberger, selbst ein bekannter Essayist, hingegen so: „Das weiß niemand so genau. Ich verstehe darunter einen diskursiven Text, bei dem ich am Anfang noch nicht weiß, was am Schluss dabei herausspringt. Es kommt, wie der Name schon sagt, auf den Versuch an."
(ZEIT-Magazin, 12.08.2010)

WISSEN

Der Essay
- ist ein Versuch, ein grundsätzliches Problem von vielen Seiten zu beleuchten.
- ist als „Gedankenspaziergang" angelegt.
- enthält informierende und argumentierende Elemente.
- ist aus einer subjektiven Perspektive geschrieben und reflektiert diese.
- soll die Leserinnen und Leser anregen – zu Gefühlen, Gedanken, Zustimmung, Widerspruch.
- ist ergebnisoffen – es wird keine (endgültige) Lösung des Problems angeboten.
- kann in vielerlei Formen auftreten – u. a. als literarischer, philosophischer, wissenschaftlicher Essay.
- ist sprachlich anspruchsvoll und abwechslungsreich gestaltet.

1.4 Schreibziel und Adressatenbezug

Automatisches Schreiben und „Drauflosschreiben" sind wichtige Übungsformen für das Verfassen essayistischer Texte – in der Klausur empfehlen sich diese Strategien jedoch nur bedingt. Gehen Sie deshalb systematisch vor und machen Sie sich bewusst:

- Welches Schreibziel will ich erreichen? Welche Wege führen dorthin?
- Welchen konkreten Schreibanlass, welche Schreibintention kann ich mir vorstellen?
- Wer könnten meine Leserinnen und Leser sein? Wen möchte ich erreichen? Z. B. junge oder alte Menschen, gebildete Leserinnen und Leser, Männer, Frauen, bestimmte Berufsgruppen usw.?
- Wo könnte mein Text publiziert werden? Z. B. Jugendzeitung, Schülerzeitung, anspruchsvolle Wochenzeitung, politisches Magazin, Online-Plattform usw.?

TIPP Texte werden für Leser geschrieben. Dass Sie in der Klausur eigentlich für Ihren Deutschlehrer oder Ihre Deutschlehrerin schreiben, sollten Sie einen Moment lang ausklammern. Suchen Sie nach lebensechten Situationen und Adressaten für Ihren Text.

Je nach angesprochener Adressatengruppe werden Sie unterschiedliche Gestaltungsmittel für Ihren Text wählen. Dies gilt für Wortwahl, Stil, allgemeines Sprachniveau und den Anteil an Fremdwörtern.

Auch der Umfang eines Essays hängt in der Regel von der Adressatengruppe und dem Publikationsort ab. In einer Deutsch-Klausur wird jedoch ein Textumfang von mindestens vier bis fünf Seiten (Handschrift, Format DIN A4) erwartet, gerne auch mehr. Die Schreibleistung beim Essay muss mit der bei den anderen Aufgabentypen vergleichbar sein.

Schritt 2:
Informationen entnehmen – Lesestrategien anwenden

Verwenden Sie in der Klausur nicht mehr als 30 Minuten auf die Arbeitsschritte 2.1 bis 2.4.

Beim Verfassen eines Essays erhalten Sie Unterstützung durch ein Dossier aus Materialien zum Sachthema. Verschaffen Sie sich vor dem Schreiben Ihres Textes einen genaueren Überblick über die verschiedenen Informationen und Meinungen, die in den Materialien enthalten sind. Da Sie in der Klausur in der Regel keine Möglichkeiten zur eigenen Recherche haben, sollten Sie diese als Wissensbasis, aber auch als gedankliche Anregung und zur Generierung von Wissen nutzen.

TIPP Oft finden Sie in den Materialien auch Anregungen für die sprachliche Gestaltung Ihres Essays, z. B. witzige Pointen, ironische Wendungen usw.

2.1 Das Material sichten: angemessene Lesestrategien anwenden

Lesen ist nicht gleich Lesen – je nach Ziel und Zweck des Lesens können Sie unterschiedliche Lesestrategien einsetzen.

WISSEN

Man unterscheidet folgende Lesestrategien:

- **navigierendes Lesen:** Sie orientieren sich grob über Inhalt und Aufbau eines Textes und entscheiden, welche Partien Sie genauer lesen wollen. Diese Form des Lesens spielt eine besondere Rolle beim Erfassen von Internetseiten und Hypertexten.
- **überfliegendes/diagonales Lesen:** Sie verschaffen sich einen ersten flüchtigen Eindruck von den Inhalten eines Textes, indem Sie aus einzelnen Wörtern oder Wortgruppen auf den Gesamtzusammenhang schließen.
- **intensives/kursorisches/lineares Lesen:** Sie lesen einen Text genau, Satz für Satz, von Anfang bis Ende.
- **selektives Lesen:** Sie filtern heraus, welche Informationen des Materials für Ihren Essay (siehe auch Schreibziel, Adressatenbezug) wichtig, brauchbar, interessant sein könnten und welche Sie vernachlässigen können oder wollen.

Einen **ersten Zugang** zu den Dossier-Materialien haben Sie sich durch **überfliegendes Lesen** verschafft. In einem zweiten Schritt wenden Sie nun die Strategie des **selektiven Lesens** an. Die Übersicht zeigt hilfreiche Fragen und Methoden zur Erschließung der Materialien:

Fragen	Methoden
Welche Aussagen zum Thema enthalten die Texte und Materialien?	Überschriften und Zwischenüberschriften unterstreichen/markieren, Randnotizen machen (Stichpunkte)
Welche Kernbegriffe sind zu klären?	Kernbegriffe markieren, Bedeutung klären (Wörterbuch) und notieren
Lassen sich unterschiedliche Sichtweisen und Positionen erkennen? Welche?	Symbole an den Rand setzen: ! ? ☺ usw.
Aus welchen Quellen stammen die Materialien? Sind sie glaubwürdig?	Quellenangaben farblich markieren, z. B. grün = glaubwürdig, rot = nicht seriös usw.)

2.2 Auswerten von Texten und Materialien

Im Dossier sind verschiedenartige Texte und Materialien enthalten, in denen unterschiedliche Sichtweisen im Hinblick auf das Thema zum Ausdruck kommen. Als Verfasser eines Essays sollen Sie möglichst breit informiert und vielfältig angeregt werden.

Deshalb finden Sie **im Dossier:**

- **kontinuierliche Texte**, die fortlaufend geschrieben sind und ihr Thema rein sprachlich entfalten.

  Man unterscheidet:
  - **Sachtexte** (pragmatische, nichtfiktionale Texte) – sie beziehen sich direkt auf die Wirklichkeit, ihre Informationen können somit auf ihren Wahrheitsgehalt (richtig oder falsch) überprüft werden;
  - **literarische Texte** (fiktionale Texte) – sie entwerfen eine Wirklichkeit (Fiktion), die nicht mit der Realität übereinstimmt, aber in sich stimmig sein muss. Am deutlichsten wird diese Art von Wirklichkeitsbezug in der als *Science-Fiction* bezeichneten Literatur;

- **diskontinuierliche Texte**, die sprachliche und nichtsprachliche Elemente kombinieren, z. B. Infografiken, Poster, Plakate, Tabellen, Diagramme und vieles mehr;

- **Bildmaterial**, z. B. Fotos, Bilder, Karikaturen, Cartoons usw.

Machen Sie sich klar,

- welche **Erkenntnisse** zum Thema in den Materialien und Texten enthalten sind;

- welche **Bezüge** zwischen den unterschiedlichen Texten und Materialien bestehen (z. B. Widerspruch, Ergänzung usw.).

WISSEN

Für alle Materialien aus dem Dossier sind folgende **Auswertungsfragen** zu stellen:
- Was ist Thema des Textes/Materials?
- Unter welcher Fragestellung stellt der Verfasser das Thema dar?
- Zu welchen Ergebnissen kommt er?

Weitere Erkenntnisse liefert die **Untersuchung** folgender Aspekte:
- Wer ist der Verfasser des Textes? Welche Interessen verfolgt er? In wessen Auftrag?
- Aus welcher Quelle stammt der Text? Ist sie glaubwürdig?
- Welche Adressatengruppe ist angesprochen, z. B. Fachleute, Bildungsschicht, bestimmte Altersgruppen usw.?

TIPP

Versetzen Sie sich in die Lage Ihres Deutschlehrers oder Ihrer Deutschlehrerin und stellen Sie für die nächste Klausur ein Dossier zu einem selbst gewählten Thema zusammen.

Den Umgang mit kontinuierlichen literarischen Texten, z. B. Gedichten, erzählenden Texten (Kurzgeschichten, Romanen, Fabeln, Parabeln usw.), Dramendialogen, und mit Sachtexten, z. B. journalistischen Textsorten (Reportage, Kommentar, Interview u. a.), üben Sie seit vielen Jahren in fast jeder Deutschstunde. Hier verfügen Sie über eine gut entwickelte Lesekompetenz. Etwas anders verhält es sich eventuell mit diskontinuierlichen Texten.

2.3 Auswerten diskontinuierlicher Texte

Für die Erschließung diskontinuierlicher Texte können Sie auf Erfahrungen aus anderen Fächern und aus Ihrer privaten Lektüre (Sachbücher, Zeitungen und Zeitschriften, Internet usw.) zurückgreifen. Um Ihr Wissen aufzufrischen, werden die wichtigsten diskontinuierlichen Texte mit den ihnen angemessenen Lesestrategien noch einmal vorgestellt.

Grundsätzlich gilt: Diskontinuierliche Texte stellen Informationen verkürzt dar. Visuelle Informationen müssen verstanden und in verbale Informationen umgewandelt werden. Auch diskontinuierliche Texte müssen kritisch gelesen, d. h. auf Wahrheitsgehalt und Objektivität überprüft werden.

Diagramme
Zu den Diagrammen zählen u. a.
Balken-, Säulen-, Kurven-, Kreis- und Tortendiagramme.

- Um welche Größeneinheiten/welchen Maßstab handelt es sich (absolute Zahlen, Prozentzahlen, Indexwerte)?
- Erfolgt die Einteilung der x- und y-Achse gleichmäßig oder wird durch eine unregelmäßige, willkürliche Achseneinteilung eine bestimmte optische Wirkung erzeugt?

Statistiken in Tabellenform

Statistisches Material kann Ihnen z. B. in Form einer Tabelle vorgelegt werden. Zur Auswertung von Tabellen sollten Sie sich folgende Fragen stellen:

- Um welche Größeneinheiten/um welchen Maßstab handelt es sich (absolute Zahlen, Prozentzahlen, Indexwerte)?
- Wann/wo liegen jeweils Maximum und Minimum vor?
- Gibt es Korrelationen zwischen Zahlen/Zahlenreihen?
- Welches Gesamtfazit kann ich bezogen auf die Überschrift formulieren?

BEISPIEL

DBS: Deutsche Bibliotheksstatistik – Vergleich von 1999 und 2013

Gesamtauswertung	Jahr	Öffentliche Bibliotheken	Wissenschaftliche Bibliotheken	Bibliotheken insgesamt
Zahl der Bibliotheken (Standorte)	1999	11 711	993	12 704
	2013	9 455	725	10 180
Bestand Medien insgesamt (Mio.)	1999	128	179	307
	2013	122	247	369
Entleihungen Medien insgesamt (Mio.)	1999	317	66	383
	2013	374,89	91,65	466,54
Stellen lt. Stellenplan	1999	12 829	12 237	25 066
	2013	11 540	10 732	22 272
Ausgaben insgesamt (Mio. €)	1999	760	678	1 438
	2013	931	928	1 860

Zahlen nach: Deutsche Bibliotheksstatistik 1999 und 2013

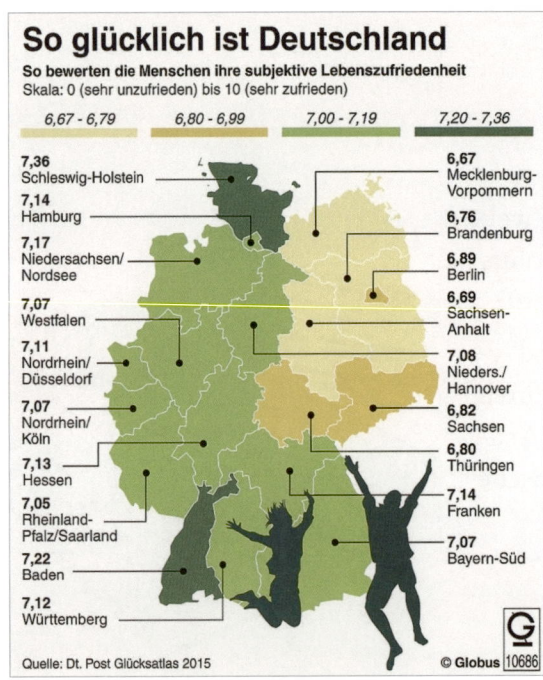

Schaubild/Infografik

Schaubilder oder Infografiken **kombinieren bildliche Elemente mit statistischen Daten.**

- Welche verbalen und non-verbalen Elemente enthält das Schaubild?
- Wie lassen sich die nonverbalen Elemente interpretieren?
- Was sagt die Material-überschrift aus?

Vertiefen Sie Ihr Wissen

Karikatur

Karikaturen drücken immer die subjektive Sicht des Karikaturisten aus. Überwiegend durch zeichnerische Mittel wird Kritik an einem Sachverhalt oder einer Person geübt.

Folgende Fragen sind bei der Auswertung hilfreich:

- Was ist der Hauptgegenstand der Karikatur?

- Was ist – für eine Karikatur typisch – übertrieben dargestellt?

- Welche zeichnerischen Mittel setzt der Karikaturist ein?

- Welche verbalen und non-verbalen Elemente enthält die Karikatur?

- Welche Kritik verbirgt sich hinter der karikaturhaften Darstellung?

Foto/Bild

Ein Foto oder Bild rückt die beabsichtigte Aussage optisch in den Blick.

- Was zeigt das Bild/der Bildausschnitt?

- Welche Perspektive wurde gewählt, welche weiteren fotografischen Darstellungsmittel werden eingesetzt und was bewirken sie?

- Welche indirekte Aussage ist im Bild enthalten?

2.4 Abstracts verfassen

Sie können die Dossiertexte und -materialien für den Essay am besten nutzen, wenn Sie deren wesentliche Aussagen exzerpieren und in Form von Abstracts knapp zusammenfassen. Durch diesen Zwischenschritt sichern Sie die erfassten Informationen, sodass sie für die Weiterarbeit verfügbar sind.
In einigen Schularten ist das Anfertigen von Abstracts Teil der Prüfungsaufgabe und wird entsprechend bewertet.

Planen Sie für diesen Arbeitsschritt nicht mehr als 15 Minuten ein.

Vertiefen Sie Ihr Wissen

Beispiel für ein Abstract (Bezugstext siehe S. 45 f.)

BEISPIEL

Glücksfaktor Sport: Sport stachelt Ehrgeiz an (Focus Magazin)

Der Artikel beleuchtet die Bedeutung von Ehrgeiz für den Sport. Am Beispiel des Rennradfahrers Stefan Schlegel wird gezeigt, dass das Erringen sportlicher Höchstleistungen Glücksgefühle auslösen kann, aber dauerhaft betriebener Leistungssport der Gesundheit schadet. Ein Psychologe und ein Sportmediziner raten, zunächst ohne Ehrgeiz zu beginnen und sich realistische Ziele zu setzen. Wichtig seien ein Gesundheitscheck und bei körperlichen Problemen eine Absprache mit dem Arzt. Es gelte, einige Wochen durchzuhalten, bis sich Leistungserfolge und Spaß einstellen, oder aber die Sportart zu wechseln.

WISSEN

Anforderungen an ein Abstract
- Umfang: maximal ¼ Seite bzw. 100 Wörter
- rein inhaltsbezogene Zusammenfassung eines Textes: Thema, Aussageabsicht
- Beschreibung eines Schaubilds, einer Karikatur o. Ä. mit anschließender Deutung
- Nennung von Faktenwissen, das in statistischem Material dargestellt ist (Tabellen, Diagramme); dabei wird der Indikativ verwendet
- keinerlei eigene Wertungen und Stellungnahmen
- sachlich-neutraler Ton
- sprachliche Kennzeichnung fremder Wertungen und Urteile (indirekte Rede, Konjunktiv)
- Präsens

Abstracts sind auch ein **Mittel der wissenschaftlichen Kommunikation:**
Sie fassen wesentliche Inhalte umfangreicher wissenschaftlicher Arbeiten zusammen und werden diesen vorangestellt, um den Leser zu informieren.

Schritt 3: Einen Schreibplan entwerfen

Bisher haben Sie sich vor allem mit Gedanken, Positionen und Informationen anderer befasst. Im nächsten Schritt geht es darum, diese sinnvoll zu ordnen und um eigene Ideen zu erweitern – oder umgekehrt: eigene Ideen zu finden und die Materialien um sie herum zu ordnen. Dabei entwickeln Sie einen Schreibplan für Ihren Essay. Als offene Textart lässt der Essay Ihnen auch in dieser Hinsicht Freiräume.

Veranschlagen Sie für die Arbeitsschritte 3.1 bis 3.3 in der Klausur nicht mehr als 20 Minuten.

Vertiefen Sie Ihr Wissen

3.1 Informationen und Ideen ordnen und erweitern

Im folgenden Methodenpool finden Sie Vorschläge, wie Sie Informationen und Ideen ordnen, strukturieren und erweitern können, um eine Grundlage für die Gliederung Ihres Essays zu schaffen. Als Beispiel dient wiederum das Thema „Macht des Sports".

Cluster (Ideenstern)

ist eine Methode, um bereits vorhandene Informationen zusammenzustellen und weitere hinzuzufügen. Man schreibt hierfür zentrale Begriffe (aus den Materialien, Abstracts, Randnotizen) um einen Kernbegriff herum und ergänzt weitere Begriffe. Das Cluster lässt sich vielfach erweitern. Es ist gedanklich eher assoziativ und ungeordnet.

BEISPIEL

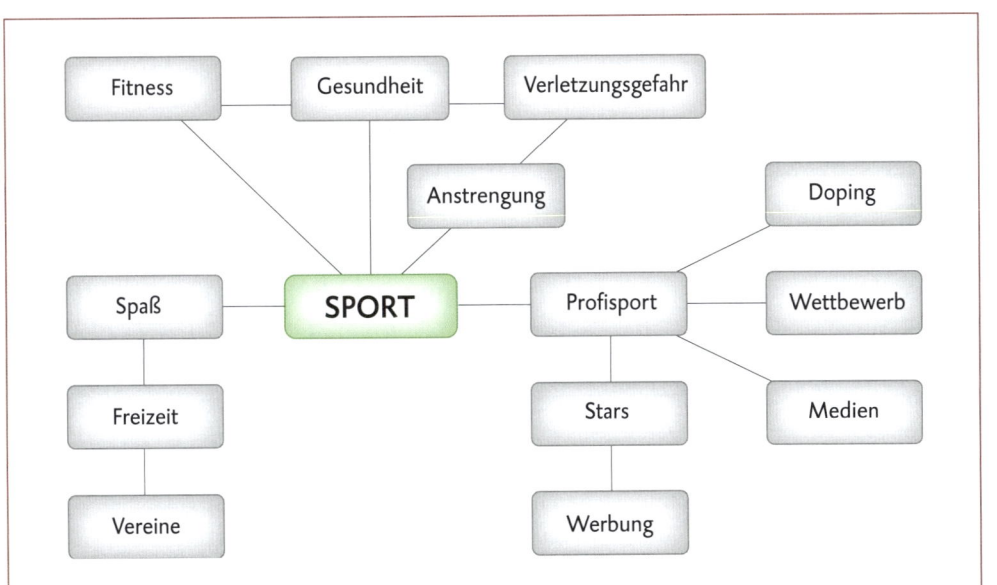

Mindmap (Gedankenlandkarte)

geht ebenfalls von einem oder mehreren zentralen Begriffen aus. Die Struktur aus Hauptästen und Verzweigungen zwingt dazu, Informationen systematisch und hierarchisch zu ordnen. Auch hier tragen Sie eigenes Wissen und Ideen ein und erweitern sie um Informationen aus dem Material – oder umgekehrt.

Mindmaps sind jederzeit beliebig erweiterbar. Sie sind eine gute Grundlage, um eine Übersicht über die vielfältigen Bereiche eines Themas zu bekommen.

BEISPIEL

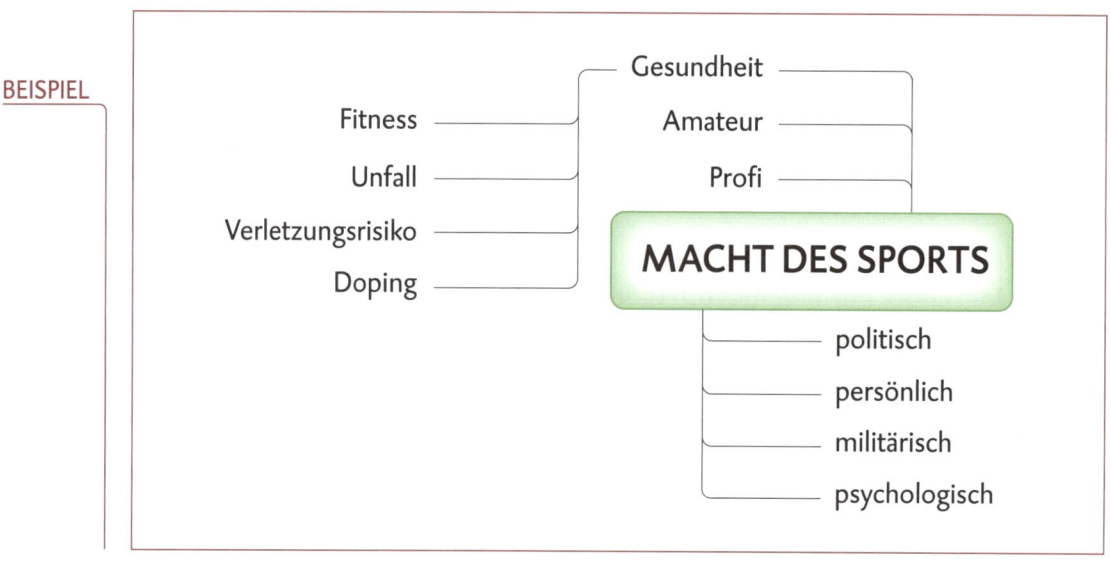

ABC-Methode

Mit der ABC-Methode (auch: ABCdarium) finden Sie schnell ein umfang-
reiches Begriffsrepertoire zu Ihrem Thema. Im Unterschied zu einem freien
Brainstorming ist hier eine Struktur, das Alphabet, vorgegeben. Bei manchen
Buchstaben werden Sie etwas „hirnen" müssen, bis Ihnen ein Begriff oder
Stichwort einfällt. Genau dies ist beabsichtigt: Sie weichen ab von vorgebahn-
ten Denkwegen und suchen bewusst nach Neuem.

TIPP

Schreiben Sie alle Buchstaben des Alphabets untereinander.
Notieren Sie dann zu jedem Buchstaben mindestens ein passendes Stichwort.

Aufstellung (z. B. im Fußball)

Basketball, Billard, Boule …

Charisma (von Sportlern)

Doping

Ehrgeiz, Ertüchtigung

F

G

…

…

Z

Perspektivwechsel

Im Dossier haben Sie verschiedene Sichtweisen auf das Thema kennengelernt und dabei zumindest in Ansätzen Ihre eigene entwickelt. Für den Essay ist es von Vorteil, aus ganz unterschiedlichen Perspektiven zu denken. So können Sie Ihren eigenen Standpunkt und mögliche Gegenpositionen genauer fassen.

Versetzen Sie sich probeweise in andere Personen hinein: Mutter, Vater, Großmutter, Großvater, Bruder, Schwester, Lehrer, Lehrerin, bester Freund/Freundin, Politiker, Pfarrer usw. Malen Sie sich deren Sicht auf das Thema konkret aus.
Probieren Sie auch ungewöhnliche Perspektiven aus:
- Wie erlebt z. B. der Fußballschuh von Adidas das Spiel?
- Was denkt der grüne Rasen beim Golfspielen?

Zeitreise

Wie alle Menschen sind Sie ein Kind Ihrer Zeit. Um sich der Relativität Ihres Wissens und Ihres Standpunkts bewusst zu werden, können Sie sich auf eine virtuelle Zeitreise begeben und überraschende Entdeckungen machen. So wird Ihr Essay um neue Aspekte bereichert.

Wandern Sie mit Ihren Gedanken in die Vergangenheit und stellen Sie sich vor, was die Menschen früherer Zeiten – in der Antike, im Mittelalter, im Barockzeitalter usw. – wohl zu Ihrem Thema gesagt hätten. Noch spannender wird es manchmal, wenn Sie Ihre Fantasie in die Zukunft schicken. Erzählen Sie davon!

Wissensspeicher

Schule ist bei uns nach Fächern strukturiert, die Wirklichkeit folgt dieser Einteilung jedoch nicht. Öffnen Sie die „Schubladen" Ihres Wissens aus unterschiedlichen Schulfächern und nutzen Sie dieses für die Strukturierung des Materials und die Entfaltung des Themas.

Suchen Sie nach Ihren Wissensbeständen aus anderen Fächern: Was haben die Fächer zu Ihrem Thema beizutragen? Denken Sie an Geographie, Geschichte, Naturwissenschaften, Mathematik, Kunst, Musik, Philosophie … Erweitern Sie die Liste, auch um Fächer, die nicht als Schulfach vorkommen (Medizin, Pharmazie, Wirtschaftswissenschaften usw.).

Der rote Faden

Johann Wolfgang von Goethe hat die Metapher vom „roten Faden" in die deutsche Sprache eingeführt. Im Roman „Die Wahlverwandtschaften" schreibt er:

> *„Wir hören von einer besondern Einrichtung bei der englischen Marine. Sämtliche Tauwerke der königlichen Flotte, vom stärksten bis zum schwächsten, sind dergestalt gesponnen, dass ein roter Faden durch das Ganze durchgeht, den man nicht herauswinden kann, ohne alles aufzulösen, und woran auch die kleinsten Stücke kenntlich sind, dass sie der Krone gehören."*

(Teil 2, Kapitel 2)

Auch Ihr Aufsatz sollte einen roten Faden haben, der die einzelnen Gedanken miteinander verknüpft, um Textkohärenz herzustellen: Das Thema sollte sich wie eine mal breitere, mal schmalere, aber immer sichtbare Spur durch Ihren Text ziehen, an der sich der Leser orientieren kann.

TIPP

Schreiben Sie Ihre Abstracts auf einzelne Karteikarten. Verfahren Sie ebenso mit Ihren eigenen Gedanken und Ideen. Markieren Sie den inhaltlichen Zusammenhang zwischen den Inhalten der Karteikarten, indem Sie diese durch eine rote Linie („roter Faden") verbinden. So werden die einzelnen Stationen Ihres Gedankenspaziergangs sichtbar.

Bedenken Sie: Ein interessanter Essay folgt keinem geradlinigen und einspurigen Weg, sondern weist Verzweigungen, Abschweifungen, Umwege, überraschende Aussichten auf.

3.2 Ideen für Einleitung und Schluss finden

Sie haben sich bereits eine solide Grundlage für den Hauptteil Ihres Essays erarbeitet. Im nächsten Schritt planen Sie Einleitung und Schluss als Start- und Zielpunkt Ihres Gedankenspaziergangs. Sie können dabei auch schon Textbausteine vorformulieren.

Dem Essay als inhaltlich und formal offener Textart ist allein mit Regeln und Schemata nicht beizukommen. Dennoch müssen Sie Ihren Text strukturieren. Im Hinblick auf die Motivation und die Führung Ihrer Leser sollten Sie besonders darauf achten, wie Sie Ihren Text beginnen und abschließen.

Zunächst ein Vorschlag zur Terminologie: Ersetzen Sie den Begriff „Einleitung" durch „Einstieg". Was ändert sich dadurch? Der „Einstieg" stellt andere Anforderungen an den Leser. Er wird nicht mehr vom Verfasser des Textes „geleitet" und geführt, sondern muss selbst aktiv werden, in den Text „einsteigen".

Sie als Verfasser sollten deshalb den Einstieg so gestalten, dass Ihr Leser sofort Interesse, Neugier, Lust aufs Mit- und Weiterdenken entwickelt – sich also darauf einlässt, Sie auf Ihrem Gedankenspaziergang zu begleiten.

Wie kann so ein Einstieg aussehen? Einige Möglichkeiten sollen kurz skizziert werden:

Der Essay beginnt mit einer Schilderung:

BEISPIEL

- von Schreibanlass und Situation:

  Da sitze ich hier in der Aula auf meinem Stuhl und die einzige Bewegung, die mir gestattet wird, ist die der schreibenden Hand. Bogen rauf, Bogen runter, Punkt, Komma, Strich … mehr regt sich nicht. Und da sollen mir Gedanken zur Macht des Sports kommen?

- von eigenen Erfahrungen:

  Juchhu, endlich wieder Bundesjugendspiele! Früher war dieses Ereignis für mich immer ein echtes Fest, aber heute …

- von einer Alltagssituation und dem, was sie bei Ihnen auslöst:

  Samstagabend 18 Uhr, Sportschau in der ARD – die ganze Familie sitzt gespannt vor dem Fernsehgerät. Na ja, um ehrlich zu sein: Ich spiele auf dem Smartphone, meine Mutter …, mein Vater …, nur Max, mein kleiner Bruder, schaut fasziniert … und keine Macht der Welt könnte ihn von diesem wöchentlichen Ereignis fernhalten.

Der Essay beginnt mit einer prägnanten, evtl. provozierenden Aussage oder These:

- Zitat (z. B. aus dem Materialdossier):

  „Der Sport verhält sich zum Alltag wie das Heilige zum Profanen."
  (Peter Sloterdijk, *1947, dt. Philosoph)

- Rhetorische Frage:

  Sind wir denn wahnsinnig? Soviel Geld für eine einzige Karte bei der WM!

- Allgemeine Lebensweisheit, Redensart oder Sprichwort:

  Sport ist Mord! Dieser Spruch, der gerne von den Sport-Abstinenzlern augenzwinkernd vorgebracht wird, zeigt ganz deutlich, welche Macht dem Sport zugeschrieben wird: die Macht über Leben und Tod!

Für den Schluss Ihres Essays brauchen Sie eine Art Ausstieg, der den Leser aus Ihrer Gedankenwelt wieder entlässt, z. B. mit einem Fazit, einer Zusammenfassung der wichtigsten Erkenntnisse oder einem Ausblick in die Zukunft. Sie können aber auch aus dem oben stehenden Repertoire auswählen. Wenn Sie am Schluss den Gedanken des Einstiegs wieder aufnehmen und prüfen, ob sich an Ihrer Einstellung zum Thema etwas geändert hat oder ob Sie den Leser zu neuen Sichtweisen führen konnten, wird Ihr Essay besonders eindrücklich.

BEISPIEL

Hier einige Beispiele von Schlusspassagen, die zu den oben stehenden Einstiegsvarianten passen:

- *Die Klausur ist vorbei – Zeit, dass der Sport in meinem Leben wieder die Macht ergreift! Nach dem Schreibmarathon ist ein ausgiebiger Spaziergang angesagt, und bestimmt steigt dabei auch der eine oder andere Gedanke auf, wie dieser Essay wohl bei Ihnen, werte Leserinnen und Leser, ankommen wird.*

- *Übrigens: Nächste Woche sind wieder mal Bundesjugendspiele. Ob die Kleinen aus der 5. Klasse wieder jubeln werden? Ich für meinen Teil bin zu der Einsicht gekommen ... Und Sie?*

- *Und wieder ist Sportschau. Max ... In ein paar Jahren wird er ...*

- *Sport ist Mord – das hat sich nun doch nicht als wahr erwiesen, ganz im Gegenteil: Sport verspricht ...*

3.3 Eine Gliederung entwerfen

Aus den Vorarbeiten – Ordnen fremder und eigener Gedanken, Planung von Einstieg und Schluss – ergibt sich eine formale Grobgliederung des Textes in Einleitung / Einstieg – Hauptteil – Schluss.

Legen Sie hierzu eine Tabelle an und sehen Sie eine eigene Spalte für die Verarbeitung der Dossier-Materialien vor. So behalten Sie die Übersicht über die unterschiedlichen Aspekte des Themas bzw. die Neben- und Unterthemen.

Strukturelement des Aufsatzes	Inhaltlicher Aufbau	Bezug zum Dossier
Einleitung	Zitat, provokante Behauptung: „Sport ist Mord"	
Hauptteil	Problemaufriss: Macht des Sports ■ Begriffsdefinitionen ■ Gedanke 1: Sport und Gesundheit ■ Gedanke 2: Sport und Wirtschaft ■ Gedanke 3: Sport und Politik	Bezug zu M 1, M 3 Bezug zu M … Bezug zu M …
Schluss	Ist Sport Mord? – Fazit, Appell	

Für die Gliederung des Hauptteils können Sie sich an folgenden Prinzipien orientieren:

1 vom Allgemeinen zum Besonderen

2 vom Besonderen zum Allgemeinen

3 vom großen Ganzen zu den Details

4 chronologisches Prinzip (Orientierung am zeitlichen Ablauf)

5 Prinzip der Kausalität (Grund / Ursache, Folge)

6 Prinzip der Steigerung (Zuspitzung auf eine Pointe oder unerwartete Wendung)

7 Prinzip des Leitmotivs (Begriffe tauchen in unterschiedlichen Variationen immer wieder auf, z. B. innerhalb von Thesen, Zitaten, sprachlichen Bildern usw.)

An Ihrer Gliederung sollten Sie sich beim Schreiben orientieren. Haben Sie aber auch den Mut, sich vom Fluss Ihrer Gedanken und vom Schreibprozess selbst leiten zu lassen. Schreiben ist nicht nur Aufschreiben von vorher Gedachtem, der Schreibprozess selbst bringt Gedanken hervor.

Lesen Sie Heinrich von Kleists essayistischen Aufsatz „Über die allmähliche Verfertigung der Gedanken beim Reden".

TIPP

Typologie von Schreibertypen und Schreibstrategien

Eine kurze Reflexion über unterschiedliche Schreibertypen und ihre Strategien kann Ihnen helfen, Klarheit über Ihr eigenes Schreibverhalten zu gewinnen und es gezielt einzusetzen oder bewusst zu verändern. Typische Probleme, wie z. B. Schreibblockaden, falsche Zeiteinteilung, Konzentrationsschwierigkeiten usw., bekommen Sie dann besser in den Griff.

Die Schreibforschung befasst sich damit, welche Strategien Schreiber und Schreiberinnen anwenden. Schätzen Sie sich selbst ein: Zu welchen der folgenden Schreibtypen oder Schreibtemperamenten gehören Sie?

Top-Down-Schreiber:

Für Sie ist Schreiben eine Sache der systematischen Planung. Sie wissen vorab schon ziemlich genau, was Sie schreiben wollen. Bevor Sie mit dem Schreiben Ihres Aufsatzes beginnen, halten Sie auf Konzeptpapier Ideen und Gedanken fest, ordnen diese und verfassen eine detaillierte Gliederung, etwa nach folgendem Muster: 1 – 1.1. – 1.2. – 2. – 2.1. – 2.2. usw. Vielleicht brauchen Sie aber auch gar keine Gliederung, weil Sie den Aufsatz sozusagen schon im Kopf haben, wenn Sie ihn zu Papier bringen. Deshalb können Sie meist flüssig und am Stück schreiben, ohne lange Denkpausen und ohne das bereits Geschriebene noch einmal zu lesen – vorausgesetzt, dass Sie ins Schreiben hineinkommen, denn das fällt Ihnen bisweilen schwer.

Nutzen Sie Ihre planerischen Fähigkeiten, aber gehen Sie flexibel mit Schreibplan und Gliederung um. Lassen Sie auch spontane Ideen zu, der Essay lebt davon. Vergessen Sie nicht, Ihren kompletten Text am Schluss noch einmal kritisch zu lesen, Fehler zu korrigieren und weniger gelungene Stellen im Rahmen der zeitlichen Möglichkeiten zu überarbeiten.

Bottom-up-Schreiber:

Für Sie ist Schreiben ein kreativer Prozess, eine Entdeckungsreise. Ihnen fällt zum gewählten Thema spontan viel Unterschiedliches ein und deshalb schreiben Sie auch gleich drauf los. So entsteht Stück für Stück Ihr Aufsatz. Was Ihnen nicht gefällt, streichen Sie wieder durch. Beim Schreiben kommen Ihnen spontane Ideen, die Sie sofort ausführen, was bisweilen etwas sprunghaft wirken kann. Sie vertrauen darauf, dass sich die Ordnung Ihrer Gedanken beim Schreiben von selbst ergibt.

Nutzen Sie Ihre Spontaneität, aber übersehen Sie nicht, dass Ihr Aufsatz einen roten Faden braucht. Wenn Sie ab und zu das bereits Geschriebene noch einmal (kritisch) lesen, fällt es Ihnen leichter, den roten Faden in das Gewebe Ihrer Gedanken einzuflechten. Achten Sie auf die Zeit. Ein guter Essay hört nicht einfach irgendwann auf, sondern braucht einen interessanten, bewusst gestalteten Ausstieg.

Die Schreibsituation gestalten

Egal, zu welchem Typ Sie gehören oder ob Sie sich eher als Misch-Temperament sehen: Schreiben ist nie eine reine Kopfsache, sondern immer von Gefühlen begleitet und geleitet! Deshalb sollten Sie auch in der Klausur im Rahmen Ihrer Möglichkeiten Ihre Schreibsituation so gestalten, dass **Schreiblust** entstehen kann:

- Richten Sie Ihren Schultisch als **übersichtlichen und funktionalen Arbeitstisch** her. Pausenbrote und Picknick-Dosen sollten zwar griffbereit sein, haben aber auf dem Tisch nichts zu suchen. Anders verhält es sich mit einem (kleinen) Talisman oder Glücksbringer: Solche Dinge können als „Anker" für Gefühle der Zuversicht und des Selbstvertrauens sorgen, durch die Ihre Schreibmotivation befördert wird.

- Wichtigstes Utensil in der Deutschklausur sind **Papier und Stifte**. Sorgen Sie dafür, dass Ihr Heft oder anderes Schreibpapier in einem ordentlichen und sauberen Zustand ist, dann macht das Schreiben mehr Freude. Halten Sie unterschiedliche Stifte für die Vorarbeiten bereit: Bleistift, verschiedenfarbige Textmarker usw. Besorgen Sie sich einen schönen Füller oder Kugelschreiber, der gut in der Hand liegt, und freuen Sie sich, wenn beim Schreiben ein ansprechendes und klares Schriftbild entsteht.

- Schauen Sie sich in Ihrer Umgebung um und suchen Sie **Quellen der Inspiration**, die Ihnen helfen, Schreibblockaden zu überwinden: Dies kann der Blick aus dem Fenster in die Natur oder über Dächerlandschaften sein, aber auch ein aufmerksames Lauschen auf die Geräusche innerhalb und außerhalb des Raums, die unauffällige Beobachtung anderer Schreiber und Schreiberinnen und ein kurzer Blickkontakt mit Ihrer Lehrkraft, die Ihnen in aller Regel viel Erfolg beim Schreiben wünscht. Finden Sie heraus, was für Sie richtig ist.

- Deuten Sie Schreibblockaden nicht als Störung, sondern als Signal dafür, dass Sie eine Pause brauchen. Lockern Sie die Schreibhand, lehnen Sie sich zurück und entspannen Sie Rücken und Nacken, denken Sie an etwas ganz anderes oder laufen Sie, wenn möglich, kurz im Raum umher.

Schritt 4: Ausarbeitung des Essays – den Text schreiben

Verwenden Sie in der Klausur für diesen Schritt die **verbleibende Arbeitszeit bis auf ca. 15 Minuten**, die Sie für den Korrekturdurchgang reservieren. Beim Schreiben Ihres Essays müssen Sie stets **zwei Textebenen** im Blick behalten: die Entfaltung eigener Gedanken und die Verarbeitung der Dossiermaterialien.

4.1 Die Verarbeitung der Dossiermaterialien

Achten Sie darauf,

- dass Sie eine **zielgerichtete Auswahl** aus dem Material treffen (Grundfrage: Was passt zu meinem Schreibziel, meinen Intentionen?)

- dass Sie die **Dossiermaterialien einbinden**, d. h. an geeigneter Stelle in Ihren eigenen Gedankengang integrieren (und nicht ein Abstract ans andere reihen)

- dass Sie **Hinweise auf die Herkunft von Informationen** geben (nicht: auf das Dossier verweisen, denn es dient lediglich als Prüfungsmaterial)

- dass Sie sachliche Informationen und wertende Inhalte aus den Dossiermaterialien **präzise referieren** (s. Übersicht unten), z. B.:
  - *Statistische Erhebungen belegen . . .*
  - *Wissenschaftler von der Universität . . . haben entdeckt . . .*
  - *Der Journalist X vermutet, dass . . .*
  - *Eine Karikatur von X zeigt / bezieht sich auf . . .*
  - *Im Interview mit der Zeitung X bringt der Schriftsteller Y einen interessanten Aspekt in die Diskussion um . . . ein . . .*

WISSEN

Verben des Referierens

Forschungshandlungen	Wissen konstruieren	Diskursive Handlungen
■ untersuchen	■ von einer Frage ausgehen	■ These aufstellen
■ zeigen	■ darstellen	■ behaupten, postulieren
■ demonstrieren	■ vermuten	■ widerlegen
■ belegen	■ begründen	■ widersprechen
■ vergleichen	■ Modell bilden	■ in die Diskussion bringen
■ entdecken	■ konzipieren	■ berichten
■ prüfen	■ nennen	■ auf jemanden verweisen
■ erforschen	■ Hypothese aufstellen	■ sich auf . . . beziehen
■ herausfinden		■ sich abgrenzen
		■ erwähnen
		■ Meinung vertreten

Vertiefen Sie Ihr Wissen

4.2 Die Entfaltung eigener Gedanken

Wählen Sie eine zum Schreibziel passende Schreibhaltung.

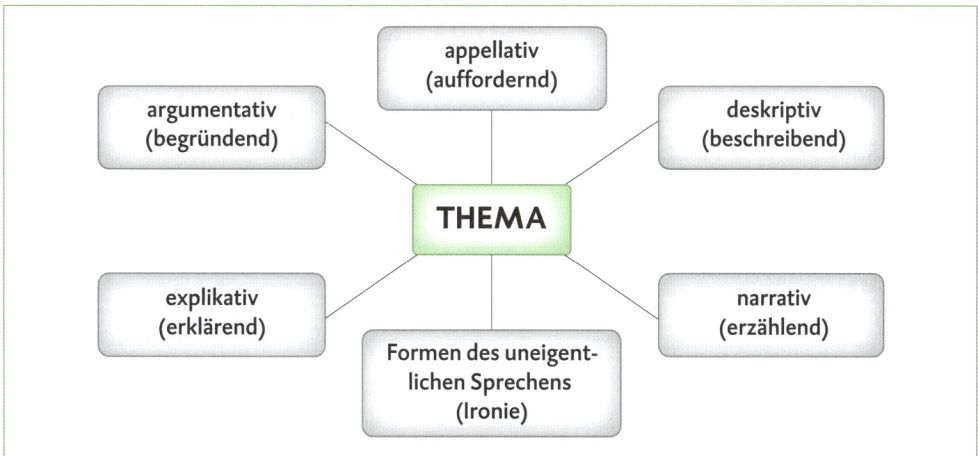

Häufig werden Sie sich für eine Mischung entscheiden. Ihr Essay gelingt, wenn Sie sinnvoll und gezielt zwischen Passagen abwechseln, in denen Sie

- *informieren,* um Leser über Sachverhalte aufzuklären;

- *argumentieren,* um Leser zur Auseinandersetzung mit einem Problem aufzufordern;

- *sich selbst und Ihre Gefühle, Wertungen, Haltungen ausdrücken,* um zu zeigen, dass Sie eine (begründete) Position beziehen;

- *den Leser/die Leserin direkt ansprechen,* z. B. durch (rhetorische) Fragen, Appelle, Bitten, Aufforderungen, und ihn / sie dazu bewegen, selbst Stellung zu nehmen;

- *Ihre Fantasie spielen lassen,* z. B. durch Gedankenexperimente, erdachte Situationen, fiktive Gespräche usw., um die Vorstellungskraft der Leser anzuregen;

- *ironisieren, übertreiben und provozieren,* um die Leser zu unterhalten und zu zeigen, dass Sie keine letztgültigen Wahrheiten verkünden wollen. (vgl. Abschnitt 3.3)

Wichtig: Achten Sie darauf, dass sich ein „roter Faden" (vgl. S. 24) durch Ihren Aufsatz zieht. Stellen Sie sich diesen bildlich vor und fragen Sie sich bei jedem Abschnitt:
- Ist er eher dünn und versteckt (lockerer Bezug zum Thema, Abschweifung, Exkurs)?
- Ist er eher dick und deutlich sichtbar (enger Bezug zum Thema, zentrale Aussagen)?

Vertiefen Sie Ihr Wissen —→

Als Erkennungszeichen für den „roten Faden" können Sie in Ihren Text Konnektoren (siehe S. 33) einbauen, um Zusammenhänge zwischen einzelnen thematischen Aspekten sprachlich zu verdeutlichen. Auch mit Adverbien können Sie den (engeren oder weiteren) Bezug Ihrer Aussagen zum Thema spezifizieren und präzisieren.

WISSEN

Adverbien
- außerdem, zudem, übrigens, davon abgesehen
- zentral, insbesondere, größtenteils, im Allgemeinen, überhaupt, weitaus, vornehmlich …
- keineswegs, zweifelsohne, vielleicht, gewiss, irgendwie

TIPP Orientieren Sie sich bei der Entfaltung Ihrer Gedanken am Prinzip der Abwechslung. Variieren Sie folgende Möglichkeiten:
- ausführlich – kurz und prägnant
- schildern, berichten, erzählen – reflektieren
- subjektive Wertung – objektiv-sachliche Argumentation
- kurze Sätze, Schlagworte – komplexe Satzgefüge
- persönliche Leseransprache – allgemeingültige Aussagen
- ernsthaft – ironisch (uneigentliches Sprechen)
- Aktivsätze – Passivsätze

4.3 Ideen für die sprachliche Gestaltung

Der Aufgabentyp „Essay" stellt nicht nur hohe kognitive, sondern auch sprachliche Ansprüche. Gleichzeitig bietet er einen großen Gestaltungsspielraum. Viele Ideen werden sich ganz von selbst einstellen, wenn Sie einmal ins Schreiben gekommen sind. Dennoch ist es nützlich, sich mögliche Gestaltungsmittel bewusst zu machen.

Drei Ebenen können dabei unterschieden werden:
1. Ebene der Semantik: Bedeutung von Wörtern und sprachlichen Elementen
2. Ebene der Syntax: Anordnung der Wörter im Satz (Satzbau)
3. Ebene des Klangs: klangliche Seite der Sprache

Folgende Anregungen zeigen Ihnen, wie Sie Texte sprachlich bewusst gestalten können.

Gestaltungsmöglichkeiten auf der Ebene der Semantik

Arbeiten Sie mit dem Reichtum des Wortschatzes, indem Sie

- synonyme Begriffe suchen: *Einfluss, Herrschaft, Autorität für „Macht", Leibesübung, Ertüchtigung, Körperkultur für „Sport", Repräsentant für „Funktionär" usw.*

Nutzen Sie ein Wörterbuch oder – am Computer – den Thesaurus Ihres Schreibprogramms.	**TIPP**

- Gegenbegriffe (Antonyme) suchen, um einen Begriff abzugrenzen: *Machtlosigkeit, Ohnmacht, Schwäche (vs. Macht).*

- benachbarte oder sinnverwandte Begriffe suchen: *Druck, Bann, Verführung, Versuchung, Anreiz, Tyrannei sind Wörter, die Spielarten und Aspekte der Macht bezeichnen.*

- Möglichkeiten des metaphorischen Sprechens nutzen (Motto: Ein Bild sagt mehr als tausend Worte): *Manche Fußballfunktionäre treten nicht den Ball, sondern das Recht mit Füßen.*

Gestaltungsmöglichkeiten auf der Ebene der Syntax

Verwenden Sie unterschiedliche Sätze: lange und kurze, einfache und komplexe, Aussage-, Befehls- und Fragesätze, vollständige und elliptische Sätze usw. Gestalten Sie dabei den Rhythmus Ihres Textes auf interessante Weise.

Verknüpfen Sie Sätze miteinander, um ihren gedanklichen Zusammenhang zu verdeutlichen. Verwenden Sie hierfür Konnektoren, z. B. Konjunktionen und Adverbien.

WISSEN

Konnektoren und ihre Funktionen
- kausale Verknüpfung: da, weil, denn, deshalb, daher, deswegen
- konsekutive Verknüpfung: so … dass, so
- konzessive Verknüpfung: obwohl, obgleich, obschon, wenn auch, wenngleich, trotzdem, dennoch
- temporale Verknüpfung: während, als, sobald, bevor, nachdem
- konditionale Verknüpfung: wenn … dann, falls, außer, es sei denn, sonst
- konklusive oder finale Verknüpfung: damit
- modale Verknüpfung: indem, dadurch … dass, wobei, wodurch

Gestaltungsmöglichkeiten auf der Ebene des Klangs

Sprache hat auch klangliche Qualitäten, die Sie bewusst einsetzen können. Aus der Lyrik und aus der Werbung kennen Sie zahlreiche Möglichkeiten hierzu: Reime, Alliterationen, die Häufung bestimmter Vokale (Assonanzen), das Spiel mit dem Klang von Wörtern usw.

Den eigenen Stil finden

Die Art und Weise, etwas schriftlich oder mündlich auszudrücken, nennt man Stil. Wenn Texte nicht nur im Hinblick auf ihren Informationsgehalt konzipiert werden, sondern ihre sprachliche Gestalt bewusst geformt wird, spricht man von Stilbewusstsein. Beim Essay kann die ganze Bandbreite unterschiedlicher Sprachregister (Stilebenen wie z. B. Hochsprache, Umgangssprache, Fachsprache, pathetische Sprache usw.) und Stilmittel (auch: rhetorische Mittel) zum Einsatz kommen. In der folgenden Übersicht finden Sie die wichtigsten Stilmittel, mit denen Sie Ihren Essay gestalten können.

WISSEN

Rhetorische Mittel

- **Alliteration:** gleicher Anlaut aufeinanderfolgender Wörter
  Beispiel: *Spiel, Spaß, Spannung*
- **Anapher:** Wiederholung der Anfangswendung in aufeinanderfolgenden Sätzen, Versen, Strophen
  Beispiel: *Wir fordern, dass …*
  Wir fordern, dass …
- **Antithese:** Gegenüberstellung von Gegensätzlichem
  Beispiel: *heiß geliebt und kalt getrunken*
- **Ausruf**
  Beispiel: *Oje!*
- **Euphemismus:** Beschönigung
  Beispiel: *tiefbegabt* (anstelle von *dumm*)
- **Hyperbel:** Übertreibung
  Beispiel: *ein Mund groß wie ein Scheunentor*
- **Ironie:** Es ist etwas anderes gemeint als gesagt.
  Beispiel: *Das ist aber ein ganz Schlauer!*
- **Klimax:** Steigerung
  Beispiel: *In jeder Partei gibt es Eifrige, Übereifrige und Allzueifrige.*
- **Metapher:** bildhafter vergleichender Ausdruck, einem anderen Bedeutungsbereich entnommen, ohne „wie" (vgl. Vergleich)
  Beispiel: *Er ist ein Löwe!*

Vertiefen Sie Ihr Wissen

- **Neologismus:** Wortneuschöpfung
  Beispiel: *Aufschieberitis*
- **Parallelismus:** gleichartiger Satzbau
  Beispiel: *Heiß ist die Liebe, kalt ist der Schnee.*
- **Personifikation:** Vermenschlichung eines Gegenstandes
  Beispiel: *Kunst und Wissenschaft gehen Hand in Hand.*
- **Rhetorische Frage:** Scheinfrage
  Beispiel: *Wer glaubt denn das noch?*
- **Symbol:** Sinnbild
  Beispiel: *Taube (für Frieden)*
- **Vergleich:** zur Erhöhung der Anschaulichkeit
  Beispiel: *Er ist stark wie ein Ochse.*
- **Wiederholung:** Mehrfaches Vorhandensein eines sprachlichen Elementes
  (vgl. Alliteration, Anapher, Parallelismus)
  Beispiel: *Gut, richtig gut hast du das gemacht, wirklich richtig gut!*

4.4 Einen Titel finden

Das Thema Ihres Essays ist durch die Aufgabenstellung vorgegeben, einen Titel müssen Sie in der Regel selbst finden. Natürlich können Sie dabei das Thema einfach übernehmen, interessanter ist es jedoch, wenn Sie eine individuelle, möglichst anregende Überschrift für Ihren Essay formulieren. Für die Kommunikation mit dem Leser hat der Titel eine wichtige Funktion, denn er vermittelt den ersten Eindruck Ihres Textes. Außerdem: Ihr Deutschlehrer oder Ihre Deutschlehrerin freut sich, wenn er/sie nicht mehrere Aufsätze mit derselben Überschrift lesen muss.

Vieles spricht dafür, den Titel des Essays erst nachträglich (endgültig) zu formulieren und über den Essaytext zu schreiben. Lassen Sie dafür ausreichend Schreibzeilen über dem Aufsatz frei.

BEISPIEL

Für das Thema „Macht des Sports" finden Sie hier einige Titelvorschläge, die sich z. T. an die Formulierungen berühmter Essays anlehnen:
- Vom Sport und seiner Macht
- Beantwortung der Frage: Wer hat die Macht im Sport?
- Über Sport und Macht
- „Wir sind Weltmeister!"
- Macht Sport mächtig?
- Die Machtfrage – ganz sportlich
- x, y, z (Namen berühmter Sportler oder Sportfunktionäre, die jeder kennt) – Gesichter der Macht?

Schritt 5: Den Text überarbeiten

Verwenden Sie für diesen Arbeitsschritt in der Klausur **ca. 15 Minuten**.

Gegenüber anderen Schreibaufgaben zeichnen sich Klausuren durch eine Besonderheit aus: Die erste Textfassung ist die endgültige, während beim professionellen Schreiben der Text redaktionell überarbeitet wird.

Gerade deshalb gilt: Reservieren Sie eine angemessene Zeitspanne für die Überprüfung Ihres Aufsatzes, bevor Sie ihn zur Lektüre für Ihre Deutschlehrkraft „freigeben". Im Rahmen der Arbeitszeit können Sie folgende Bereiche überprüfen und **Korrekturen** anbringen:

- **Interpunktion (Zeichensetzung):** Sind alle nötigen Satzzeichen gesetzt? Ergänzen Sie fehlende Kommas, Anführungszeichen, Punkte usw. im Text selbst, streichen Sie fehlerhafte Satzzeichen durch.

- **Syntax (Satzbau):** Sind die Sätze grammatikalisch korrekt? Überprüfen Sie vor allem bei komplexen Satzgefügen (Hauptsatz und mehrere Nebensätze), ob Subjekt und Prädikat übereinstimmen. Achten Sie auch auf die Zeichensetzung: Nebensätze werden durch Komma vom Hauptsatz abgegrenzt (Komma vor „dass", „obwohl", „weil" usw.).

- **Orthographie (Rechtschreibung):** Korrigieren Sie falsch geschriebene Wörter im Text, indem Sie das entsprechende Wort mit dem Lineal sauber durchstreichen und in korrekter Schreibweise darüber schreiben. Der Rand Ihrer Arbeit darf nicht beschrieben werden, er ist für die Korrektur reserviert.

Lassen Sie auf jeder Seite unten einen Rand von zwei bis drei Zeilen und grenzen Sie diesen mit einer Linie vom Aufsatztext ab (mit Lineal). Nutzen Sie diese Zeilen als „Notfallbereich", in dem Sie (sparsam!) Korrekturen anbringen. Fehler im Text werden wie Fußnoten nummeriert, damit der Leser sie den Korrekturen zuordnen kann.

- **Stil:** Überarbeiten Sie **Passagen**, die Redundanzen enthalten oder umständlich formuliert sind. Viele Adjektive und Adverbien sind sprachlicher Ballast, den Sie ersatzlos streichen können, z. B.: *die Mannschaft hat einen Wettkampf ~~erfolgreich~~ bestanden, der ~~berühmte~~ prominente Fußballtrainer; die Sportler haben das Training ~~problemlos~~ bewältigt usw.*

■ **Inhalt:** Längere Textstellen, die Ihnen **inhaltlich falsch** vorkommen, sollten Sie mit einem Lineal durchstreichen und mit einer Fußnotennummerierung versehen. Schreiben Sie Ihre Aussage noch einmal in korrekter Fassung, und zwar entweder an das Ende der Arbeit oder in den „Notfallbereich".

In der folgenden Checkliste finden Sie Anregungen, wie Sie alle wichtigen Überprüfungsaspekte in den Blick nehmen können.

	+	O	–	?
DIE ABSTRACTS …				
… fassen die Kernaussagen der Materialien in eigenen Worten knapp zusammen (ca. ¼ Seite, maximal 100 Wörter).	☐	☐	☐	☐
… sind sachlich und neutral formuliert.	☐	☐	☐	☐
… kennzeichnen fremde Aussagen sprachlich korrekt.	☐	☐	☐	☐
DER INHALT DES ESSAYS …				
… stellt das Thema/Problem in seiner Vielschichtigkeit dar und geht gedanklich über das Dossier hinaus.	☐	☐	☐	☐
… vertieft einzelne Aspekte des Themas (eigene Gedanken, Dossierinhalte).	☐	☐	☐	☐
… enthält kreative und originelle Sichtweisen.	☐	☐	☐	☐
… ist aus einer subjektiven Perspektive geschrieben und reflektiert diese.	☐	☐	☐	☐
AUFBAU				
Der Einstieg weckt Interesse und führt zum Thema hin.	☐	☐	☐	☐
Der Hauptteil ist als interessanter „Gedankenspaziergang" angelegt (kein streng logisches Voranschreiten wie bei einer Erörterung).	☐	☐	☐	☐
Der rote Faden bleibt für den Leser auch bei Gedankensprüngen und gedanklichen Abweichungen sichtbar.	☐	☐	☐	☐
Der Abschluss des Essays ist ergebnisoffen (kein endgültiger Lösungsvorschlag, sondern Anregung zum Weiterdenken).	☐	☐	☐	☐
SPRACHE				
Der Aufsatz ist sprachlich korrekt (Rechtschreibung, Zeichensetzung, Satzbau, Grammatik).	☐	☐	☐	☐
Die sprachliche Gestaltung ist abwechslungsreich (informierende, argumentierende, narrative, expressive, appellative Passagen, Ironie).	☐	☐	☐	☐
Stilmittel werden gezielt eingesetzt (z. B. rhetorische Figuren, bildhafte Sprache).	☐	☐	☐	☐

Vertiefen Sie Ihr Wissen

Übungsaufgabe *Ehrgeiz*

Übungsaufgabe *Ehrgeiz*

Das Thema „Ehrgeiz" wird seit einiger Zeit nicht nur in Familien, sondern auch in den Medien diskutiert. Ist Ehrgeiz eine Tugend oder eher ein Fehler, gar eine Sünde? Bringt Ehrgeiz uns weiter oder schadet er? Welche Bedeutung hat dieser altmodisch anmutende Begriff in der heutigen Zeit?

Aufgabe: Vom Ehrgeiz

Verfassen Sie einen Essay zu diesem Thema.

Hinweis: Als Grundlage wird Ihnen ein Dossier mit Materialien zum Thema vorgelegt.

Material 1

„Die Ehrgeizigen haben mehr Neigung zum Neid als die, welche vom Ehrgeiz frei sind."
Aristoteles *(384 – 322 v. Chr.)*
griechischer Philosoph, Schüler Platos, Lehrer Alexanders des Großen von Makedonien

„Mit Ehrgeiz verhält es sich wie folgt: Die Dosis macht das Gift."
Lisz Hirn *(*1984)*
österreichische Philosophin und Künstlerin

„Die Arbeit ist oft unbequem, die Faulheit ist es nicht, trotzdem: der kleinste Ehrgeiz, hat man ihn, ist stets der Faulheit vorzuziehn!"
Heinz Erhardt
Aus: Das große Heinz Erhardt Buch. Oldenburg: Fackelträger

„Ehrgeiz, nur um voranzustehen, als Triebfeder des Handelns, ist ein Zeichen von Dummheit."
Rudolf Georg Binding *(1867–1938)*
deutscher Schriftsteller

Material 2

Material 3

Harald Martenstein: Ehrgeiz

1 Im Fernsehen kam ein Interview mit der Ministerpräsidentin Hannelore Kraft, SPD. Sie sollte sich zu der Frage äußern, ob sie irgendwann gern Kanzlerin werden möchte. Die Frage wird auch ihrem Rivalen von der CDU häufig gestellt. Frau Kraft wand sich wie eine Würmin. Das ist eine Journalisten-Lieblings-
5 frage an Politiker: „Was wollen Sie irgendwann werden?" Ich möchte sie ein für alle Mal beantworten.

Natürlich möchte Hannelore Kraft Kanzlerin werden. Wenn man in irgendeinen Beruf hineingeht und über ein Normalmaß an Ehrgeiz verfügt, dann will man was erreichen in diesem Beruf, am besten wäre natürlich der Topjob. Jeder
10 16-jährige Fußballer träumt davon, in der Nationalmannschaft zu spielen, eines Tages. Jeder leidenschaftliche Koch besäße gern drei Sterne, kein Literat hätte ernsthaft etwas gegen den Literaturnobelpreis einzuwenden. Sogar die meisten Redakteure würden erfreut annehmen, wenn man ihnen die Chefredaktion anbietet. Was mich betrifft: Ich nehme alles an, außer Papst.
15 Was ist daran verwerflich? Gar nichts. Gleichzeitig ist es unwahrscheinlich, dass man es schafft, und das weiß man auch. Es hängt, selbst wenn man tatsächlich das Zeug dazu hat, auch von Glück und Umständen ab. Und es wäre blöd, sich nicht innerlich auf den Normalfall einzustellen, dass es nämlich nichts wird mit dem Nobelpreis, der Kanzlerschaft oder der Papstwürde. Auch
20 jenseits dessen hat das Leben viel zu bieten. Noch blöder wäre es allerdings,

seine Träume vor allen Leuten laut herauszuposaunen. Am ehesten schaffen es wahrscheinlich die 16-jährigen Fußballspieler. Obwohl es ganz normale Träume sind.

Ehrgeiz ist eines der letzten Tabus. Viele haben ihn. Niemand gibt es zu.
25 Auch das Lexikon Wikipedia macht den Ehrgeiz schlecht: „Unter E. versteht man die Gier einer Person nach Ehre, oft verbunden mit dem Streben nach Macht und Ruhm." Angeblich darf es allen immer nur um die sogenannte „Sache" gehen. Alle tun so verdammt demütig. Aber das ist doch völlig unrealistisch und verlogen. Wenn Menschen nicht ehr-
30 geizig wären, würden wir immer noch auf den Bäumen hocken und uns gegenseitig total relaxed lausen, so sieht nämlich die Wahrheit aus. Wie soll jemand aus der Unter-
35 schicht hochkommen, wenn man den Leuten dauernd erzählt, Ehrgeiz sei schlecht?

Ich habe festgestellt, dass die evangelische Kirche in diesem Jahr
40 eine Fastenaktion „Sieben Wochen ohne falschen Ehrgeiz" ausgerufen

Fastenaufruf der evangelischen Kirche, sich sieben Wochen des falschen Ehrgeizes zu enthalten

hat. Man sollte als Christ in Deutschland bis zum 8. April beim Autofahren, beim Sport, beim Singen, Kochen und Sparen keinen Ehrgeiz haben, zumindest keinen falschen. Wie man richtigen von falschem Ehrgeiz unterscheidet, haben
45 sie leider nicht erklärt. Ich bin jedenfalls froh, dass ich in der Fastenzeit bei keinem engagierten Christen zum Essen eingeladen war oder seinem ehrgeizlosen Gesang lauschen musste. Hoffentlich haben Christen nicht zu viele Autounfälle gebaut. Was alles passieren kann, wenn man beim Sparen völlig ehrgeizlos ist, zeigt Griechenland. Womöglich hing auch der plötzliche, nach Aschermitt-
50 woch beginnende Absturz des Fußballvereins Borussia aus Mönchengladbach mit der Fastenaktion zusammen.

Meiner Meinung nach wäre Jesus ohne ein bisschen Ehrgeiz nie so erfolgreich gewesen. Pilatus hielt Jesus für den „König der Juden". Da kommt man ohne Ehrgeiz nicht hin. Aber wie viel Ehrgeiz ist erlaubt? Um diese komplizierte
55 Frage befriedigend beantworten zu können, müsste man ein extrem ehrgeiziger Kolumnist sein. Mir aber geht es selbstverständlich nur um die Sache.

Aus: Harald Martenstein: *Die neuen Leiden des alten M.: Unartige Beobachtungen zum deutschen Alltag.* München: C. Bertelsmann Verlag 2014, S. 32.

Vertiefen Sie Ihr Wissen

Material 4

Die Erfolgsregeln der „Tigermama"

Impulskontrolle. Was ermöglicht sozialen Aufstieg?
Ehrgeiz, Disziplin und das Gefühl, anderen überlegen zu sein, glaubt Amy Chua.
Die Tochter chinesischer Einwanderer hat bereits in einem Erziehungsratgeber
Drill rechtfertigt. Nun legt sie nach.

Von Dorothee Krings

1 Sie hat ihre Töchter zu musikalischen Wunderkindern gedrillt. Hat deren Überstunden überwacht, harmlose Spielnachmittage gestrichen, ihnen den Willen zu 5 Höchstleistung eingetrichtert. Und dann hat Amy Chua mit selbstbewusster Freimütigkeit ein Buch über ihre „chinesischen" Erziehungsmethoden geschrieben, darüber, wie sie eine Tochter bei eisigen 10 Temperaturen auf die Terrasse aussperrte, der anderen drohte, ihre Stofftiere zu verbrennen – und so Konzertmeisterinnen und Wettbewerbssiegerinnen aus ihnen machte. Und man las von den ag-15 gressiven Leistungsdruck-Methoden der selbsternannten „Tigermama" mit einer Mischung aus Abscheu und Faszination. Weil der Westen doch ohnehin die Überlegenheit Asiens fürchtet und ahnt, dass 20 es irgendwann vorbei sein könnte mit der selbstzufriedenen Gemütlichkeit und dem Streben nach möglichst viel mühelosem Spaß im Hier und Jetzt.
Diese Angst füttert Amy Chua nun wei-25 ter. Diesmal zusammen mit ihrem Mann, Jed Rubenfeld, der Sohn jüdischer Einwanderer ist und genau wie Amy Chua an der amerikanischen Eliteuniversität Yale Jura unterrichtet. Das Paar hat sich die 30 Frage gestellt, warum manche Menschen aus armen Verhältnissen in den USA in Spitzenpositionen aufsteigen, andere nicht. Chua und Rubenfeld haben Statistiken und Studien zusammengetragen. Lei-35 der erörtern sie ihre Frage jedoch nicht mit Blick auf soziale Mechanismen, die soziale Mobilität beeinflussen. Sie vergleichen lieber diverse Einwandergruppen auf ihre Fähigkeit, es schnell zu Ansehen 40 und Reichtum zu bringen, und versuchen das durch deren Kultur zu begründen.

Amy Chua zufolge müssen Kinder zu Höchstleistungen gedrillt werden

Natürlich verbirgt sich darin schon eine Schwierigkeit ihres Unternehmens. Denn es ist zwar legitim, soziale Gruppen zu 45 vergleichen. Unterteilt man diese aber nach der nationalen Herkunft, landet man schnell bei Spekulationen über die Auswirkungen vermeintlicher kultureller Prägungen, die man erst einmal belastbar 50 beschreiben und erfassen müsste.
Chua und Rubenfeld sind schnell dabei, aus dem statistisch messbaren Leistungsvorsprung indischer, chinesischer, iranischer oder libanesischer Amerikaner auf 55 Werte wie Fleiß, Disziplin oder Fami-

lienehre rückzuschließen. Hätte man die Statistiken mit einem anderen Raster als dem der Nationalität untersucht, wäre man womöglich bei anderen Ergebnis-
60 sen gelandet. Kinder chinesischer Einwanderer mögen besser in der Schule sein, vielleicht liegt das aber nicht daran, dass sie chinesisch sind, sondern dass sie mehr Bücher lesen oder weniger fern-
65 sehen – und das sind Merkmale sozialer Klassen, nicht nationaler Zugehörigkeit. Doch Chua und Rubenfeld leiten ihre Thesen sowieso nicht seriös aus empirischen Daten her, sondern unterfüttern nur, was
70 sie ohnehin schon dachten. Das ist bemerkenswert, denn es spiegelt die Werte einer Gesellschaft, die den Einzelnen für sein Glück verantwortlich macht und soziale Mobilität für eine Frage individu-
75 eller Leistung hält, nicht gesellschaftlicher Vorgaben. Die beiden Elite-Eltern glauben drei Voraussetzungen gefunden zu haben, die Menschen erfolgreich machen:
80 ■ das tief verinnerlichte Bewusstsein, einer Gruppe anzugehören, die ungewöhnlich, einzigartig und anderen Gruppen überlegen ist.
■ das Gefühl, keine sichere Stellung in
85 der Gesellschaft zu besitzen, um seine Position kämpfen zu müssen und den Anforderungen für diesen Kampf nie ganz zu genügen.
■ die Fähigkeit, eigene Bedürfnisse zu-
90 rückstellen zu können, Disziplin zu zeigen und bei Rückschlägen nicht aufzugeben.

Dieser Dreierpack, so glauben die Tigereltern, erzeuge bei Menschen eine Mischung aus unbedingtem Leistungswillen,
95 Selbstbewusstsein und extremem Ehrgeiz, dem durchaus ein Angstgeruch anhaftet.

Sie selbst sprechen von einem „potenten Kulturpaket, das Antrieb schafft: einen Drang, sich zu beweisen, der Menschen
100 systematisch auf gegenwärtige Belohnungen verzichten lässt, um in Zukunft etwas zu erreichen".
Dabei leugnen Chua und Rubenfeld nicht, dass diese Art von Leistungsbe-
105 wusstsein auch negative Folgen haben kann. Stress und Depression seien weit verbreitet unter Menschen, die mit unbedingtem Willen zum sozialen Aufstieg erzogen würden. Für die Autoren ist das
110 eben die Kehrseite des Erfolgs.
Chuas Buch, das im Deutschen den sperrigen Titel trägt „Alle Menschen sind gleich, Erfolgreiche nicht", formuliert im Grunde dieselben Thesen wie ihr Erzie-
115 hungsratgeber „Die Mutter des Erfolgs", der sie als leistungsfixierte „Tigermutter" berühmt gemacht hat. Chua wettert gegen die Weichheit des Westens, insbesondere der USA, prangert eine Mentalität der Be-
120 quemlichkeit und des Konsumierens an, das auf die schnelle Befriedigung von Bedürfnissen setzt, von Anstrengung, Fleiß und Eifer nichts wissen will. Anders als europäische Konsumkritiker setzt Chua
125 dem Hedonismus aber nicht den Verzicht entgegen. All die Selbstdisziplinierung, die sie predigt, soll dem Menschen am Ende mehr Geld bringen, mehr Möglichkeiten für Konsum. Er soll sich nur ange-
130 strengt haben.
Chua und Rubenfeld sind keine Systemkritiker. Die USA, von denen sie träumen, setzen wieder ungeschminkt auf Konkurrenzkampf. Die Autoren halten das Ge-
135 fühl, niemals gut genug zu sein, für den notwendigen Stachel, der ein Land wie den Einzelnen vorantreibt – wenn er auch das Glück kostet.

Aus: RP Online, 8. 4. 2014

Material 5

Glücksfaktor Sport: Sport stachelt Ehrgeiz an

1 Natürliche Belohnungen und enormer Ehrgeiz treiben Menschen zu außergewöhnlichen Leistungen. Stefan Schlegel aus dem Rhein-Neckar-Kreis stellte sich der Herausforderung Race Across America, dem härtesten Radwettkampf der Welt: 38 Prozent länger als die Tour de France, 30 000 Höhenmeter, Temperaturen zwischen null und
5 50 Grad.

Im Juni arbeitete sich der 35-Jährige in einer Zeit von elf Tagen, fünf Stunden und einer Minute von der West- zur Ostküste der USA. Platz zehn belegte Schlegel – zum Erfolg, eine „absolute Grenzerfahrung" bewältigt zu haben, gesellte sich noch ein großer sportlicher Triumph. Dafür saß er täglich 21 bis 22 Stunden im Sattel. Die
10 Müdigkeit war sein größter Gegner. „Ich habe nicht nur mit einem inneren Schweinehund, sondern mit inneren Dämonen gekämpft und den Kampf gewonnen", sagt Schlegel über das Auf und Ab der Emotionen.

Schlegel hat nicht aufgegeben, sein Wille trieb ihn ins Ziel. Er empfiehlt aber nicht, dass ihm andere diese Qual nachmachen. Er möchte, dass Menschen verstehen,
15 „dass man alles im Leben erreichen kann, wenn man es nur will".

Stefan Schlegel gibt zu: „Jegliche Form des Leistungssports schadet irgendwann dem Körper." Bewegen allerdings solle sich jeder, findet er und gibt diese Einstellung als Kopf seiner eigenen Personal-Training-Firma weiter.

Einsteiger sollten sich kein Beispiel an Extremathleten wie Schlegel oder dem
20 Ausnahme-Bergsteiger Benedikt Böhm nehmen. „Die meisten, die neu oder wieder anfangen zu sporteln, neigen dazu, sich zu überfordern", weiß die Münchner Sportärztin Anne Umgelter. Sie berät häufig Freizeitsportler, die zu ambitioniert begonnen haben und kaum Fortschritte machen. „Die trainieren überwiegend im anaeroben Bereich", erklärt Umgelter, „so vergrößert sich ihre Ausdauer nicht."

25 Ohne Ehrgeiz loszulegen bewahrt vor Frustration.

„Setzen Sie sich nur Ziele, die Sie auf jeden Fall erreichen", rät Psychologe Bartmann. Herbert Löllgen, Präsident der Deutschen Gesellschaft für Sportmedizin und Prävention (DGSP), betont: „Sich einfach wohlzufühlen ist das Wichtigste für den Einstieg."

Um Gefahren für Herz und Gelenke auszuschließen, sollten sich Neu- und Wie-
30 dereinsteiger vor Trainingsbeginn vom Sportmediziner durchchecken lassen. „Dazu gehören eine körperliche Untersuchung, eine Befragung zur eigenen Vorgeschichte und ein Ruhe-EKG", sagt Mediziner Löllgen.

Zusätzlich kann ein Herzfunktionstest durch ein Belastungs-EKG sinnvoll sein. Die DGSP empfiehlt dies für Männer ab 40 und Frauen ab 50 Jahren, wenn sie intensiv
35 trainieren wollen oder mindestens ein Risikofaktor wie Übergewicht vorliegt.

Bei Herz-Kreislauf- oder orthopädischen Problemen sollten die Trainingsintensität oder die Art der Belastung mit dem Arzt abgesprochen werden. Auf Sport verzichten muss aber niemand.

Zum Anfang empfiehlt Herbert Löllgen vier bis acht Wochen Aufbautraining. „In
40 der Regel lernt man am besten mit einem Verein oder einer Laufgruppe." Unter Anleitung sollten Sportwillige erfahren, wie sie ihren Puls fühlen, sich selbst einzuschätzen wissen und erkennen, wann sie überlastet sind.

Nach den ersten Trainingsstunden droht eine Motivationslücke.

„Die anfänglichen sechs bis acht Wochen werden nicht unbedingt Spaß machen",
45 weiß die Medizinerin Umgelter. Sie rät, in dieser Zeit durchzuhalten, bis sich erste Erfolge einstellen.

Wer auch danach keinen Spaß empfindet, betreibt womöglich die falsche Sportart – und sollte wechseln statt aufzugeben. Auch die Kletterin Johanna Zimmermann fand früher keinen Gefallen am Joggen. Heute trainiert sie das freiwillig – um fitter zu
50 werden fürs Klettern, jene Sportart, die sie begeistert.

Aus: Focus Magazin Nr. 28/2012 vom 09. 07. 2012; Autoren: Frank Lehmkuhl, Andreas Haslauer, Paul Klammer

Material 6

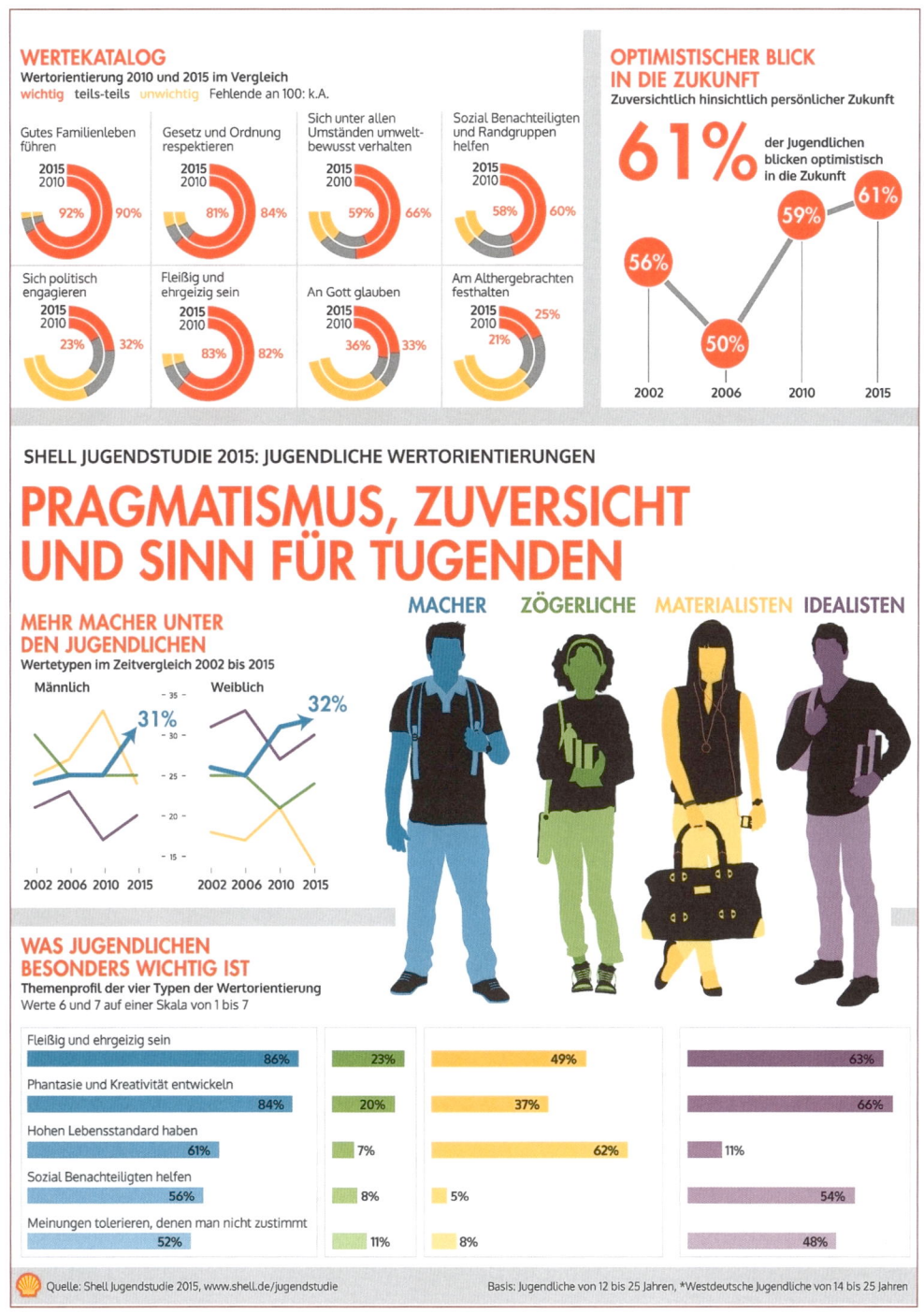

Aus: Shell Jugendstudie 2015 © Shell Deutschland Oil GmbH

Schritt 1: Die Aufgabenstellung erfassen

Die Aufgabenstellung beim Essay ist mehr oder weniger offen. Sie nennt das Sachthema, um das es gehen soll, und die Art des Textes, den Sie produzieren sollen. Klären Sie beide Aspekte.

4 Notieren Sie stichpunktartig, was Ihnen zum Sachthema des Essays spontan einfällt.

5 Welche Informationen erhalten Sie aus den Materialien? Überfliegen Sie das Dossier und notieren Sie am Rand:

- Das ist neu für mich (N)
- Hier kann ich an Vorwissen anknüpfen (VW)
- Das spricht mich persönlich an (P)

Nach dem ersten „Warming up" mit dem Sachthema können Sie eine genauere Themenanalyse durchführen. Gehen Sie so vor:

6 Notieren Sie mögliche (Gesellschafts-)Bereiche, die das Thema berührt. Präzisieren Sie diese stichpunkartig.

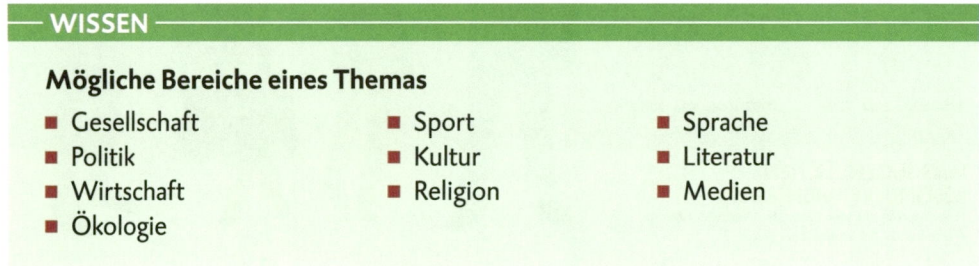

WISSEN

Mögliche Bereiche eines Themas

■ Gesellschaft	■ Sport	■ Sprache
■ Politik	■ Kultur	■ Literatur
■ Wirtschaft	■ Religion	■ Medien
■ Ökologie		

Machen Sie sich nun die Anforderungen der Aufgabenart „Essay schreiben" bewusst.

7 Welche Merkmale kennzeichnen die Textsorte Essay allgemein? Markieren Sie, welche Aussagen zutreffen. Die richtigen Buchstaben ergeben ein Lösungswort.

Der Essay

E ist anregend geschrieben.

A ist eine Art Marathonlauf.

V ist aus einer subjektiven Perspektive geschrieben und reflektiert diese.

H enthält sowohl informierende als auch argumentierende Elemente.

B ist wie eine Erörterung streng nach dem Schema pro – kontra aufgebaut.

U ist ergebnisoffen.

T will den Leserinnen und Lesern die eigene Position aufzwingen.

S beleuchtet ein grundsätzliches Problem aus mehreren Perspektiven.

C ist abwechslungsreich gestaltet.

I folgt strengen formalen Regeln.

R kann philosophisch, wissenschaftlich, literarisch ausgerichtet sein.

Lösungswort: _____

8 Beim Verfassen eines Essays sind unterschiedliche Schreibkompetenzen erforderlich. Listen Sie Operatoren (z. B. argumentieren) auf, die diese Schreibkompetenzen benennen.

9 Welches Schreibziel möchten Sie mit Ihrem Essay zum Thema „Ehrgeiz" verfolgen? Halten Sie fest:

a Diese Adressaten oder Adressatengruppen will ich ansprechen.

b Bei meinen Lesern und Leserinnen möchte ich Folgendes bewirken.

c Deshalb werde ich folgende Darstellungsformen verwenden.

10 Fassen Sie Ihre Erkenntnisse zur Aufgabenstellung und zum Thema übersichtlich zusammen.

Sie können das Schaubild auch mit kleinen Bildern und Symbolen ausfüllen. Visualisierungen prägen sich oft besser ein.

Vertiefen Sie Ihr Wissen

Schritt 2:
Informationen entnehmen – Lesestrategien anwenden

Nach dem ersten groben Überblick über die Dossiermaterialien müssen Sie diese nun genauer untersuchen. Stellen Sie auf übersichtliche Weise zusammen, welche Informationen Sie den Texten, Bildern, Grafiken und sonstigen Materialien entnehmen können. Behalten Sie dabei stets Ihr Schreibziel und die Adressatengruppe im Blick.

11 Lesen Sie alle Materialien aus dem Dossier mit der jeweils angemessenen Lesestrategie durch. Kennzeichnen Sie dabei Sachfragen, Sachinhalte und größere inhaltliche Zusammenhänge durch Markierungen, Unterstreichungen, Randnotizen u. Ä.

WISSEN

Visualisieren Sie Ihre Erkenntnisse, indem Sie mit Textmarkern und Stiften arbeiten. Markieren Sie Schlüsselbegriffe, umkreisen Sie Fachbegriffe. Legen Sie sich ein Repertoire an Zeichen zu, um Aussagen zu kennzeichnen, z. B.:

! = diese Aussage ist wichtig für meinen Essay
? = diese Aussage halte ich für fragwürdig, hierzu habe ich noch Fragen
☺ Hier stimme ich zu
☹ Hier bin ich skeptisch, das sehe ich anders

Das Materialdossier für den Essay enthält immer einen Informationsüberschuss. Nicht alle Informationen werden Sie in Ihrem Essay verarbeiten können. Wählen Sie deshalb gezielt aus. Beachten Sie: Auch Materialien, die auf den ersten Blick unwichtig erscheinen, können wertvolle Anregungen enthalten.

---

12 Tragen Sie in die folgende Tabelle für alle Dossiermaterialien Stichworte zu folgenden Fragen ein:

- Um welche Textsorte bzw. Materialart (z. B. Nachricht, Karikatur) handelt es sich?

- Aus welcher Quelle stammt der Text bzw. das Material?

- Welche Aussageabsicht (z. B. sachliche Information, ironischer Kommentar) steht vermutlich dahinter?

Vertiefen Sie Ihr Wissen

Material	Textsorte/ Materialart	Quelle	Aussageabsicht
M 1			
M 2			
M 3			
M 4			
M 5			
M 6			

Das Verfassen eines Abstracts gehört bisweilen zur Aufgabenstellung. Auch wenn dies nicht verlangt wird: Es lohnt sich, zu den einzelnen Materialien Abstracts anzufertigen. Sie gewinnen damit leichter einen Überblick über die verschiedenen Facetten des Themas und können wichtige von weniger wichtigen Informationen unterscheiden. (Informationen zum Verfassen eines Abstracts finden Sie auf S. 19 f.).
Stützen Sie sich dabei auf Ihre Ergebnisse aus den Aufgaben 11 und 12.

13 Rekapitulieren Sie, was beim Verfassen von Abstracts verlangt wird. Streichen Sie Nichtzutreffendes durch.
- Abstracts schreibt man im Tempus Präteritum / Präsens.
- Der Textumfang ist beliebig / begrenzt.
- Texte werden rein inhaltsbezogen zusammengefasst / formal und inhaltlich beschrieben.
- Schaubilder, Karikaturen o. Ä. werden beschrieben und gedeutet / beschrieben und kommentiert.
- Faktenwissen, das in statistischem Material (z. B. Tabellen, Diagramme) enthalten ist, wird im Konjunktiv benannt / im Indikativ benannt.
- Man schreibt in einem sachlich-neutralen Stil / subjektiv-wertenden Stil.
- Fremde Werturteile werden wörtlich zitiert / indirekt im Konjunktiv wiedergegeben.

14 Verfassen Sie zu den Materialien M 1 bis M 6 jeweils ein Abstract.

Verwenden Sie nicht mehr als 15 Minuten für diesen Arbeitsschritt.

TIPP

Vertiefen Sie Ihr Wissen

Schritt 3: Einen Schreibplan erstellen

Ihr Essay soll ein eigenständiger Text sein, in dem Ihre Gedanken zum Ausdruck kommen. Deshalb müssen Sie eigenes Wissen und eigene Erfahrungen zum Sachthema einbringen und zu den Aussagen der Materialien in Beziehung setzen.

15 Stellen Sie in geeigneter Form zusammen, was Sie über das Sachthema wissen. Berücksichtigen Sie dabei die Informationen aus den Materialien (s. Abstracts, Schritt 2) ebenso wie Ihr eigenes (Vor-)Wissen und Ihre Erfahrungen mit dem Thema „Ehrgeiz".

 TIPP | Sie können für diesen Schritt aus unterschiedlichen Methoden auswählen. Eine Zusammenstellung finden Sie auf den Seiten 21 bis 24.

Ein interessanter Einstieg ins Thema erhöht die Lesemotivation, ein anregender Abschluss fordert den Leser zum Weiterdenken auf. Behalten Sie deshalb Einleitung und Schluss Ihres Textes von Beginn an im Blick und notieren Sie Ihre Ideen dafür.

16 Wie möchten Sie Ihre Leser mit dem Thema in Kontakt bringen? Formulieren Sie unterschiedliche Einstiegsvarianten, die zu Ihrem Schreibziel und zur intendierten Adressatengruppe passen.

- Schildern Sie Schreibanlass und/oder Schreibsituation.
- Berichten Sie von eigenen Erfahrungen.
- Beschreiben Sie eine Alltagssituation und das, was sie bei Ihnen auslöst.
- Formulieren Sie eine prägnante oder provozierende Aussage oder stellen Sie eine These auf.
- Wählen Sie ein Zitat aus dem Materialdossier.
- Stellen Sie eine rhetorische Frage.
- Zitieren Sie eine allgemeine Lebensweisheit, eine Redensart oder ein Sprichwort.

17 Entscheiden Sie sich für eine der Einstiegsvarianten aus Aufgabe 16 und formulieren Sie dazu einen passenden Schluss.

18 Im Laufe Ihrer Vorarbeiten ist Ihnen vermutlich immer klarer geworden, welche Aspekte des Themas „Ehrgeiz" Sie in Ihrem Essay in den Mittelpunkt stellen wollen. Notieren Sie diese Schwerpunkte.

19 Führen Sie Ihre Vorarbeiten abschließend im folgenden Schaubild zusammen.

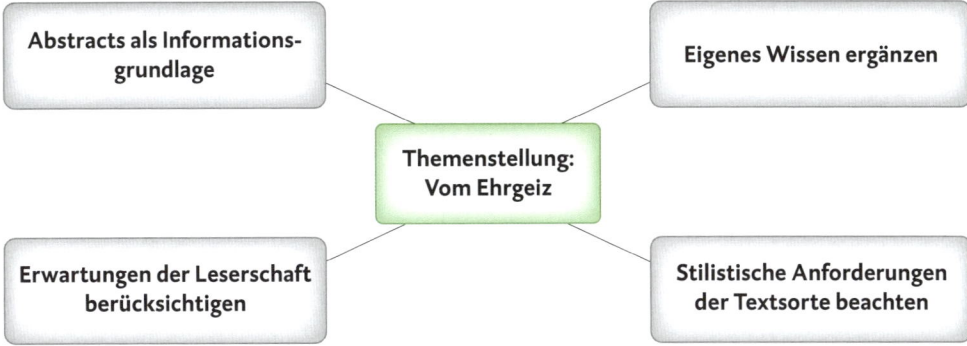

Bevor Sie mit der eigentlichen Textproduktion beginnen, müssen Sie auf der Grundlage Ihres Schreibplans eine Gliederung erstellen. Sie ist eine Art Inhaltsverzeichnis für Ihren Essay und hilft Ihnen, Ihre Gedanken mit einem „roten Faden" zu verbinden. Planen Sie für die unterschiedlichen Gliederungspunkte auch passende Darstellungsformen ein.

Wichtige Informationen aus den Materialien müssen Sie bei diesem Schritt in eine sinnvolle Reihenfolge bringen und im Hinblick auf Ihr Schreibziel verarbeiten. Eine Aneinanderreihung von Abstracts ergibt noch keinen Essay. Zitate aus den Materialien können Sie gezielt und sparsam einsetzen.

Bedenken Sie jedoch: Es geht darum, dass Sie Ihren eigenen Gedankengang entwickeln und am Schluss zu einem eigenständigen Ergebnis kommen.

Eine Übersicht über verschiedene Gliederungsprinzipien finden Sie auf S. 27, Informationen über Darstellungsformen auf S. 32.

TIPP

20 Erstellen Sie eine Gliederung nach dem Muster Einleitung – Hauptteil – Schluss. Formulieren Sie eine interessante Überschrift.

Gliederung Strukturelement des Aufsatzes	Überschrift / Titel des Essays Inhaltlicher Aufbau	Bezug zum Dossier (M 1, M 2 …)	sprachliche Gestaltung (z. B. informativ, argu- mentativ, appellativ)
Einleitung			
Hauptteil			
Schluss			

Schritt 4: Ausarbeitung des Essays – den Text schreiben

Nun kommt der wichtigste Schritt, die Ausarbeitung Ihres Textes. Legen Sie sich die nötigen Materialien und Utensilien bereit und sorgen Sie dafür, dass Sie ungestört arbeiten können.

Achten Sie beim Schreiben auf:

- ein angemessenes Verhältnis von Einleitung, Hauptteil und Schluss;
- eine gedanklich klare Struktur des Hauptteils (roter Faden);
- Überleitungen, die die einzelnen Abschnitte gedanklich miteinander verknüpfen.
- Absätze oder Leerzeilen, die dem Leser optisch Orientierung bieten.

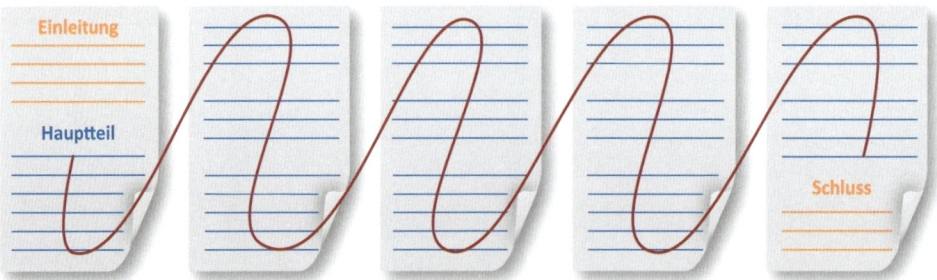

21 Gestalten Sie Ihren Essay anregend und abwechslungsreich.

Auf der Grundlage der Dossiermaterialien und Ihrer eigenen Überlegungen sind Sie zu dem Schluss gekommen: „Ehrgeiz macht unsympathisch."
Gestalten Sie diesen Gedanken in einer kurzen Textpassage aus und erproben Sie unterschiedliche Darstellungsweisen. Ergänzen Sie hierfür die folgenden Textelemente:

Darstellungsweise	Beispiel
■ Informierend (klärt den Leser auf über Sachverhalte, Tatsachen, Wertungen usw.)	Wenn man in Wörterbüchern und Nachschlagewerken recherchiert, wird schnell deutlich, …
■ Argumentierend (begründend, mit unterschiedlichen Beispielen belegt; fordert den Leser zur Auseinandersetzung mit dem Problem auf)	
■ Expressiv (subjektive Aussagen in der Ich-Form, Ausrufe, direkte Ansprache des Lesers u. Ä.)	
■ Appellativ (Aufforderungen, Appelle, Bitten, Befehle, Imperative, auch in versteckter Form, rhetorische Fragen)	
■ Narrativ (berichtend, erzählend, schildernd, auch fiktional als erfundenes Erlebnis, Gedankenspiel, Fantasiereise u. Ä.)	
■ Uneigentliche Sprechweisen (Ironie, Übertreibung, unernste Bemerkungen; unterhalten und amüsieren den Leser)	

Übernehmen Sie für Ihren Aufsatz die Überschrift aus Ihrer Gliederung oder formulieren Sie einen neuen Titel.

TIPP Wenn Sie beim Schreiben nicht mehr weiterkommen, sollten Sie eine kleine Pause einlegen und an etwas ganz anderes denken. Lesen Sie danach das bereits Geschriebene noch einmal durch, werfen Sie einen Blick in Ihre Vorarbeiten oder stellen Sie sich vor, was eine andere Person (Freund, Freundin, Mutter, Vater, Journalist aus dem Fernsehen usw.) zum Thema sagen würde. So können Sie Denk- und Schreibblockaden auflösen.

22 Formulieren Sie nun unter Beachtung der erarbeiteten Gliederung den Essay.

Schritt 5: Den Text überarbeiten

Überprüfen Sie Ihren Text:

- Sind Ihre Aussagen sachlich richtig? Sind Daten und Fakten aus Statistiken korrekt wiedergegeben, Schlüsselbegriffe richtig verwendet?
- Ist Ihr Gedankengang schlüssig? Kann der Leser den roten Faden erkennen?
- Haben Sie Ihren Text in intellektuell anregender Weise gestaltet?
- Entspricht Ihr Text in formaler Hinsicht den Regeln und Normen, z. B. im Hinblick auf Rechtschreibung, Grammatik und äußere Form (Schriftbild, Sauberkeit)?

TIPP Um eigene Texte zu überarbeiten, braucht man Distanz. Versuchen Sie deshalb, im Überarbeitungsprozess die Perspektive eines interessierten Lesers einzunehmen.

Mit der Checkliste auf S. 57 können Sie Ihren Text genauer unter die Lupe nehmen. Erstellen Sie damit eine differenzierte Diagnose Ihrer Leistung, ermitteln Sie Ihre Stärken und Schwächen und – am wichtigsten – nutzen Sie die Ergebnisse für die Weiterentwicklung Ihrer Kompetenzen.

Das bedeutet: Sie setzen sich Ziele für die Weiterarbeit und geben konkrete Maßnahmen an, wie Sie diese erreichen können. Wenn Sie sich an der SMART-Formel orientieren, werden Sie sicher gut vorankommen.

WISSEN

Die SMART-Formel für die Formulierung von Zielen

S = spezifisch

M = messbar

A = attraktiv

R = realistisch

T = terminiert

Beispiel für ein SMART-Ziel:

Im nächsten Aufsatz/Essay am (Datum) werde ich pro Seite maximal 3 Kommafehler machen. Meine Rechtschreibleistung wird besser bewertet (Schulnote, Eindruck bei Bewerbungen).

Maßnahmen zur Zielerreichung:

1. Analyse aller Kommafehler im Essay
2. Ermittlung von Schwerpunkten (z. B. Komma vor Infinitivgruppen)
3. Wiederholung der Kommaregeln, Übung und Festigung (z. B. Lernplakat, Übungen im Internet, Überarbeitung eigener Texte auch aus anderen Fächern)

Suchen Sie sich einen kritischen Freund, der Ihnen dabei hilft, Ihre Ziele Schritt für Schritt zu erreichen. Vereinbaren Sie, auf welche Weise er/sie Ihnen zur Seite stehen kann:

- durch regelmäßige Erinnerungs-SMS (Termine bzw. Zeitspanne festlegen)
- durch Kontrollgespräche (Sie berichten über Ihre Erfolge)
- durch gezielte Informationen (im Beispiel oben könnte das täglich ein Regelkärtchen für die Kommasetzung sein – dann profitiert der kritische Freund auch!)

Sicher fallen Ihnen weitere Möglichkeiten ein!

Checkliste für den Essay zum Thema „Ehrgeiz"

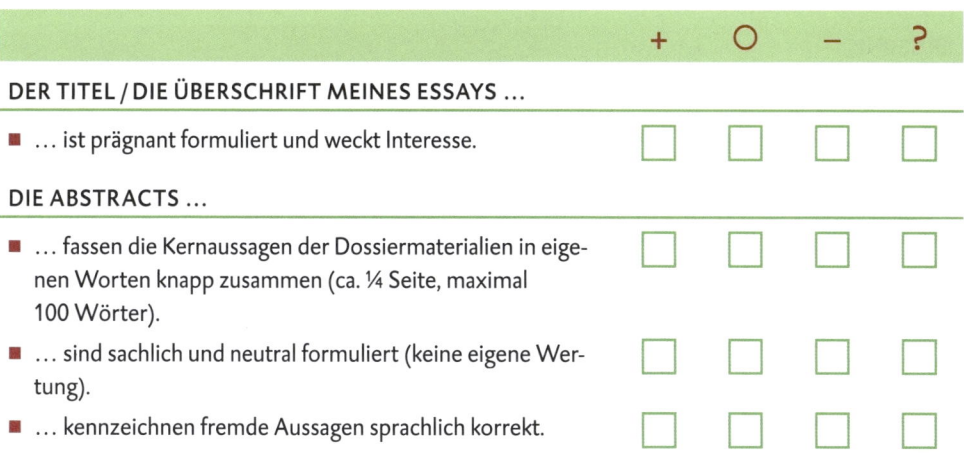

	+	O	−	?
DER TITEL / DIE ÜBERSCHRIFT MEINES ESSAYS …				
■ … ist prägnant formuliert und weckt Interesse.	☐	☐	☐	☐
DIE ABSTRACTS …				
■ … fassen die Kernaussagen der Dossiermaterialien in eigenen Worten knapp zusammen (ca. ¼ Seite, maximal 100 Wörter).	☐	☐	☐	☐
■ … sind sachlich und neutral formuliert (keine eigene Wertung).	☐	☐	☐	☐
■ … kennzeichnen fremde Aussagen sprachlich korrekt.	☐	☐	☐	☐

Vertiefen Sie Ihr Wissen ──

	+	O	–	?
DER INHALT DES ESSAYS …				
■ … stellt das Thema/Problem in seiner Vielschichtigkeit dar und geht gedanklich über das Dossier hinaus.	☐	☐	☐	☐
■ … vertieft einzelne Aspekte des Themas (eigene Gedanken, Dossierinhalte).	☐	☐	☐	☐
■ … enthält kreative und originelle Sichtweisen.	☐	☐	☐	☐
■ … ist aus einer subjektiven Perspektive geschrieben und reflektiert diese.	☐	☐	☐	☐
AUFBAU				
■ Der Einstieg weckt Interesse und führt zum Thema hin.	☐	☐	☐	☐
■ Der rote Faden bleibt für den Leser auch bei Gedankensprüngen und gedanklichen Abweichungen sichtbar (konzeptionelle Schlüssigkeit).	☐	☐	☐	☐
■ Der Abschluss des Essays ist ergebnisoffen (kein endgültiger Lösungsvorschlag, sondern Anregung zum Weiterdenken).	☐	☐	☐	☐
SPRACHE				
■ Der Aufsatz ist sprachlich korrekt (Rechtschreibung, Zeichensetzung, Satzbau, Grammatik).	☐	☐	☐	☐
■ Die sprachliche Gestaltung ist abwechslungsreich (informierende, argumentierende, narrative, expressive, appellative Passagen, Ironie).	☐	☐	☐	☐
■ Stilmittel werden gezielt eingesetzt (z. B. rhetorische Figuren, bildhafte Sprache).	☐	☐	☐	☐
ERGEBNIS (Summe der jeweils angekreuzten Bewertungszeichen)				

Meine Ziele	Meine Maßnahmen

Übungsaufgabe *Reisen*

Übungsaufgabe *Reisen*

Das Thema „Reisen" ist in unserer globalisierten Welt allgegenwärtig. Fernsehen und Radio, Zeitungen und Zeitschriften, Internet und Werbung thematisieren auf unterschiedlichste Weise und mit den verschiedensten Absichten die Sehnsucht nach der Ferne.

> **Aufgabe:**
> Verfassen Sie einen Essay zu diesem Thema.
> Hinweis: Als Grundlage wird Ihnen ein Dossier mit Materialien zum Thema vorgelegt.

Material 1

Die sprachlichen Wurzeln

1 Die *Fahrt* war die älteste Umschreibung des Reisens; sie geht auf das alt-hochdeutsche und seit dem 8. Jahrhundert bestehende Wort *fart*,
5 bzw. *faran* zurück. Die Kreuzritter „fuhren" ins Heilige Land, umherziehende Schausteller, Sänger und Gaukler waren „fahrendes Volk", Fromme, die es zu heiligen Stätten zog, die
10 Wallfahrer.

Die Angaben für die erstmalige Verwendung des Wortes *reisen* variieren zwischen dem 9. Jahrhundert und Mitte des 14. Jahrhunderts. Ur-
15 sprünglich kommt das Wort aus dem Mittelhochdeutschen und bedeutet „Aufbruch; Unternehmen, Zug, Fahrt; Heerfahrt". Die althochdeutschen Verben *risan*, bzw. das mittelhoch-
20 deutsche *risen* „sich von unten nach oben bewegen, sich erheben, steigen; sich von oben nach unten bewegen, fallen", das gotische *ur-reisan* „aufstehen, sich erheben", das englische *to*
25 *rise* „aufstehen, sich erheben, steigen", das altisländische *risa* „sich erheben, entstehen" gehören alle derselben Sprachfamilie an. […]

Die indoeuropäische Wurzel des
30 englischen Wortes für „Erfahrung", nämlich *experience*, lautet *per[1]. *per drückt einerseits Bewegung aus: „einen Raum durchqueren, ein Ziel erreichen, herausgeben", und hat ande-
35 rerseits die Bedeutung von „versuchen, ausprobieren, riskieren" – was sich im lateinischen *periculum* „Versuch, Probe" aber auch „Gefahr, Wagnis", ausdrückt. Eine solche Vorstellung von
40 Gefahr und Prüfung entspricht wohl den ältesten Vorstellungen vom Reisen, welches strapaziös und leidvoll war. Das klingt auch im englischen Wort *travel* an, eng verwandt mit dem eben-
45 falls englischen *travail* „Mühen" und dem französischen *travailler* „arbeiten".

Im Mittelalter erhielt das Wort dann eine kriegerische Konnotati-

50 on: *reisen*, bzw. *reisic* stand für „auf der Reise befindlich; zur Heerfahrt dienend; gerüstet; beritten", *Reisige* waren

55 berittene Söldner.

Die Etymologie der indoeuropäischen Sprachen zeigt, daß die Begriffe des „Reisens"

60 und der „Erfahrung" in enger Beziehung zueinander stehen. So bedeuteten das althochdeutsche *irfaran* und das

65 mittelhochdeutsche *ervaran* ursprünglich „reisen; durchfahren, durchziehen; erreichen". Seit dem 15. Jahrhundert

70 wird das Prinzip *erfahren* adjektivisch benutzt für „klug, bewandert".

Im Mittelalter waren Reisen mit Anstrengungen und Mühen verbunden.

Dazu gehört auch die *Erfahrenheit*, ebenfalls ein Wort aus dem 15. Jahr

75 hundert, während *Erfahrung*, das mittelhochdeutsche *ervarunge*, heute verbalsubstantivisch gebraucht wird, im Sinne von „Wahrnehmung, Kenntnis", damals auch für „Durchwande

80 rung, Erforschung". Ein kluger Mensch wird heute noch als *bewandert* bezeichnet, ein Ausdruck, der sich ins

17. Jahrhundert zurückverfolgen läßt und „aus eigener Erfahrung ken

85 nend", eigentlich „vielgereist" meint. Ein Gebildeter im philosophischen Sinne des Wortes ist ein „Mann von Welt". Den lehrreichen Charakter des Reisens betont auch der Begriff der

90 „Bildungsreise", die es von der Antike bis in die heutige Zeit hinein, aufgewertet zur „Studienreise", gibt.

---

1 Die Kennzeichnung * besagt, daß es sich um eine Rekonstruktion auf der Grundlage lebender und toter Sprachen handelt.

*Aus: Karin Hlavin-Schulze: „Man reist ja nicht, um anzukommen". Reisen als kulturelle Praxis.
Frankfurt am Main/New York: Campus Verlag 1998.*

Vertiefen Sie Ihr Wissen

Material 2

Essay über das Reisen: Setzt euch der Fremde aus

1 **Statt sich im Unbekannten zu finden, zahlen Urlauber Geld, um Überraschungen aus dem Weg zu gehen. Der Sinn des Reisens bleibt so auf der Strecke, meint Bestsellerautor *Ilija Trojanow*. Sein Rat: Reise allein, reise ohne Gepäck und reise langsam.** […]

5 Einst beinhaltete die Reise – als Metapher wie auch als Realität – ein hohes Maß an Läuterung und Wandlung. In den meisten Religionen galt das Reisen als rechte Lebensführung, als Instrument der Katharsis, als Mittel zur Erleuchtung.

In dem hinduistischen Lehrbuch „Aitareya-Brahmana" etwa steht geschrieben: „Es gibt kein Glück für den Menschen, der nicht reist. In Gesellschaft von Menschen wird 10 auch der Beste zum Sünder ... also brich auf. Des Wanderers Füße sind wie eine Blume: seine Seele wächst, erntet Früchte; seine Mühen verbrennen seine Sünden. Also brich auf! Wenn du rastest, rasten auch deine Segnungen; sie stehen auf, wenn du aufstehst, sie schlafen, wenn du schläfst, sie regen sich, wenn du dich regst. Gott ist der Freund der Reisenden. Also brich auf."

15 **Indien: Seßhaftigkeit birgt alle Sünden**
Ähnlich den christlichen Wandermönchen von einst ziehen noch heute indische Asketen, *sadhus* genannt, durch das Land. Die orthodoxeren unter ihnen verbringen keine zwei Nächte am selben Lagerplatz. Denn die Seßhaftigkeit berge alle Sünden in sich, ob Gier, Egoismus oder Gewalt. Wer aber in die Seßhaftigkeit hineingeboren ist, wer von 20 ihr geprägt und geschult worden ist, kann das Reisen nur als einen seltenen Ausstieg erleben, als Auszeit von seinem All- und Eintag.

Reisen solcher Art sind keineswegs ein Luxus. Traditionell haben Pilger sie unternommen, ob auf Hadsch nach Mekka, zu Gipfeln des Himalaja oder auf dem Jakobsweg. Sie waren oft Suchende ohne finanzielle Mittel, die sich manchmal ein Leben lang auf die 25 eine große Reise vorbereiteten. […]

Komfort statt Herausforderung
Das höchste Ideal des Reisens ist wohl die profunde Veränderung des Reisenden. Reisen, die solchen Ansprüchen genügen, sind aufwändig und anstrengend, sie erfordern Zeit und Mühsal, sie fordern den Einzelnen heraus – wenig haben sie gemein mit dem 30 modernen, komfortablen Tourismus.

Was die touristische Branche als pauschale oder individuelle Reise verkauft, ist oft die Vermeidung von wahrem Reisen. Der Sinn des Reisens ist auf den Kopf gestellt: anstatt sich der Fremde auszusetzen, zahlt man Geld, um ihr aus dem Wege zu gehen.

Die Vermeidungstouren beginnen auf Prospekten und Landkarten, wo die ganze 35 Welt verführerisch übersichtlich dargestellt ist, in kleinstem Maßstab, auf jedem Qua-

*Wandernde Mönche
in Nepal*

dratzentimeter Informationen über Informationen, so verdichtet, dass man gar nicht durch das gespannte Netz fallen kann. Bevor man aufbricht, weiß man schon, wie die Fremde heißt und welche Ausfahrt zu ihr führt.

40 Wir trauen uns in jede Fremde, weil uns dort nichts passieren kann. Eine gewaltige Industrie garantiert, dass man von all jenen Irritationen, Verwirrungen und Überraschungen verschont wird, weswegen allein es sich lohnt, sein Zuhause – das Vertraute – zu verlassen. So bleibt das Gefühl der Befremdung auf der Strecke, das Gefühl, sich zu verlieren, das Gefühl, nicht zu verstehen, das Gefühl, nackt zu sein. Es entschwindet die existentielle Überraschung. [...]

45 **Eine Reise vom Ich zum Selbst**
Besonders schwer fällt es uns Beschleunigten, langsamer zu treten. Das fatale Diktat, das in dem Wort „Sehenswürdigkeit" steckt, treibt uns zu immer dichteren Reiserouten. Es gilt geradezu als verschroben, wer sich in seinem Urlaub nur mit einem Fleck, einer Altstadt oder einem See etwa beschäftigt. Und als völlig verrückt muss jener gelten, der
50 zu Fuß aufbricht. Dabei fördert die Fußreise eine Wachheit, die den Reisenden wie eine Bogensehne spannt. Er ist einer Wirklichkeit ausgesetzt, die sich mit kleinen spitzen Steinen durch die Sohlen drückt, die schwer an den Riemen des Rucksacks hängt, die sich durch schmerzende Glieder, Schweiß und Dreck bei jedem Schritt aufdrängt.

Wer mit dem Auto, dem Bus, dem Zug oder dem Motorrad durch die Landschaft
55 fährt, sieht mit den Augen – mehr oder weniger. Wer sie aber zu Fuß durchstreift, der sieht mit dem ganzen Körper. Und er ist den Einheimischen gleichgestellt, er fällt in die tradierte Kategorie des müden Wanderers, dem Menschen weltweit mit den Mitteln der vertrauten Gastfreundschaft begegnen. Durch die Windschutzscheibe betrachtet, schaut die Fremde aus, als sei sie schlecht in die eigene Sprache übersetzt.

60 Keiner von uns kann sich bei jeder Reise völlig nackt machen, und es ist nicht vorstellbar, dass Milliarden von Menschen Eigenwege nehmen. Aber es lohnt sich, seine Aufbrüche zu hinterfragen, um das Schöne am Reisen zu entdecken oder wiederzuentdecken. Dazu muss man nur das Risiko eingehen, die eigene Wahrnehmungen und Prägungen über den Haufen zu werfen. Denn wahre Reisen führen nicht von der Heimat
65 in die Fremde und wieder zurück, sondern verwandeln Fremde in Heimat. [...]

*Aus: http://www.spiegel.de/reise/aktuell/essay-ueber-das-reisen-setzt-euch-der-fremde-aus-a-597060.html;
12.01.2009*

Material 3

ZEIT ONLINE

Friedemann Knoblich: Reisen müssen anstrengen

1 Eine Kreuzschifffahrt von einer exotischen Bucht zur nächsten; eine Tour im klimatisierten Reisebus durch die Hauptstädte dieser Welt; eine sommerliche Autofahrt mit Kind und Kegel, um sich am Ankunftsort über Hotelzimmer, Pool und Animationsprogramm zu freuen.

5 All das sind keine Reisen.

In jedem dieser Beispiele bewegen sich die Menschen in einer selbst geschaffenen Blase des Vertrauten. Die Welt soll erkundet werden, ohne auf das Bekannte zu verzichten. Das sichere Territorium der eigenen Sprache, des heimischen Essens und der eigenen Gebräuche wird nur äußerst selten verlassen – etwa beim 10 obligatorischen Besuch auf dem Bazar, beim Kamelritt oder während ähnlich durchgeplanter Abenteuer.

Reisen bedeutet nicht, sich abends an einem anderen Ort ins Bett zu legen als am Tag zuvor, oder berühmte Sehenswürdigkeiten auf einer Liste abzuhaken. Es geht darum, diesen Planeten und seine Bewohner zu erleben, das Fremde zu begreifen.

15 Reisen kann die eigenen Grenzen erweitern, indem Grenzen überschritten werden. Der hautnahe Kontakt mit der Natur und Kultur fremder Länder abseits ausgelatschter Touristenpfade sollte die Quintessenz allen Reisens sein. Das ist nicht selten eine Herausforderung und nicht immer angenehm. Doch eine echte Reise muss wirken, muss beschäftigen und zum Nachdenken über Gott und die 20 Welt anregen. Sie soll keine Erholung bringen, nicht beruhigen und einlullen.

Oft bietet der Massentourismus gar keine Gelegenheit, sich auf eine fremde Kultur einzulassen.

Aus: http://www.zeit.de/reisen/2012-07/leserartikel-reisen-warum. Leserartikel; ZEIT Online, 6. August 2012

Material 4

STUTTGARTER NACHRICHTEN

Tschüss, Facebook

Von STEFANIE JÄRKEL

1 Das Internet ist Segen und Fluch zugleich: Wer auf Reisen überall online ist, von dem erwartet man auch ständig Lebenszeichen von unterwegs.
5 Da hilft nur: Abschalten!
Eine Auszeit nehmen und reisen ist der Inbegriff der Freiheit. Doch wer unterwegs ständig bloggt, ver-
10 gibt die Chance auf das wahre Abenteuer.

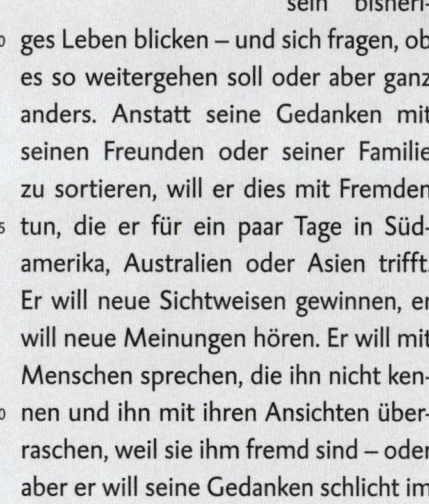

„Poste doch mal ein paar Bilder von dir", „Du schreibst
15 doch sicher einen Blog, oder?", „Wann wollen wir mal skypen?". Früher war der Reisende weg, wenn er wegfuhr. Heute kann sich jeder, der eine sechsmonatige Auszeit
20 nimmt, die Abschiedsparty sparen. Dank Blogsphäre, Facebook, Twitter und anderen interaktiven Plattformen im Internet schrumpft die Welt auch bei einer Weltreise auf die Größe eines
25 Laptop-Bildschirmes.

Wer auf Reisen geht, will Abstand bekommen. Abstand vom Alltag, von Problemen, aber auch ein wenig Abstand von den Freunden, der Familie und de-
30 ren Sorgen. Die wiederum wollen nur ungern auf den Freund, die Tochter, den Bruder verzichten. Schließlich fällt den Zurückgebliebenen im Alltag die Lücke, die der Reisende hinterlässt, stär-

35 ker auf. Und außerdem wollen sie auch ein bisschen teilhaben an der Auszeit. Doch der Langzeit-Reisende ist zudem ein Abenteurer. Er wagt die Reise auch, um sich neu zu finden, sich neu zu ori-
40 entieren. Der Trip in andere Länder soll auch eine Reise zum Reisenden selbst werden.

45 Aus der Ferne, eben mit Abstand, will er auf sein bisheri-
50 ges Leben blicken – und sich fragen, ob es so weitergehen soll oder aber ganz anders. Anstatt seine Gedanken mit seinen Freunden oder seiner Familie zu sortieren, will er dies mit Fremden
55 tun, die er für ein paar Tage in Südamerika, Australien oder Asien trifft. Er will neue Sichtweisen gewinnen, er will neue Meinungen hören. Er will mit Menschen sprechen, die ihn nicht ken-
60 nen und ihn mit ihren Ansichten überraschen, weil sie ihm fremd sind – oder aber er will seine Gedanken schlicht im Stillen mit sich herumtragen und über die Vielfalt der Welt staunen.

65 **Das Zuhause hinter sich lassen**
Stattdessen wissen die Daheimgebliebenen dank Internet nicht nur, was der

Reisende erlebt – wie er sich beispielsweise gefühlt hat, als er um vier Uhr nachts nach der Feier in der Discothek im Wohnzimmer seiner argentinischen Gastfamilie in die weiche Hinterlassenschaft des Haushundes getreten war, weil er aus Höflichkeit das Licht ausgelassen hatte. Der Reisende weiß auch, dass Freundin X weiter genervt vom Kontrollwahn ihrer Chefin ist, dass Freund Y nun endlich den Garten seines Hauses neu angelegt hat und dass die Eltern im Sommer Urlaub in Italien machen wollen. Doch wer das Zuhause nicht hinter sich lässt, wenn er weggeht, der wird auch nicht in der Ferne ankommen. Der wird sich nicht weiterentwickeln. Der wird nicht zum Abenteurer. Wenn das Altbewährte nur einen Mausklick entfernt ist, warum Neues wagen?

Warum sich auf neue Menschen einlassen, wenn die Alternative nicht die Einsamkeit ist? Warum sich verändern, wenn man nicht muss? Eine Langzeit-Reise ermöglicht das Eintauchen in fremde Kulturen, das Entdecken fremder Städte, Menschen, Sprachen und fremden Essens. Zu einer solchen Reise gehören aber auch der Abschiedsschmerz, das Heimweh und die Wiedersehensfreude, wenn man nach Wochen oder Monaten zurückkommt; ebenso das gegenseitige Abtasten nach der Rückkehr, wie der Reisende sich verändert hat, wie der Daheimgebliebene mittlerweile tickt – und ob man noch zusammenpasst.

Das alles gehört dazu wie die Chance, von einer Reise völlig verändert zurückzukommen, die Werte neu geordnet zu haben. Allein, ohne Freunde und Familie. Nicht zu vergessen: Welche Gespräche sind schöner als die nach langer Abwesenheit?

Wenn man sich bei einer Flasche Wein auf den neuesten Stand bringt? Wenn zwei Freunde oder die Familie jenseits von Hundehaufen in Wohnzimmern einzig über die Meilensteine der vergangenen Zeit sprechen, kommt man schneller zum Kern der Dinge als wenn man sich alle paar Tage schreibt, spricht, hört.

Also: Reise samt Ausstieg aus dem Netz planen, Abschiedsparty schmeißen, ein paar Tränen verdrücken, Laptop und Tablet zu Hause lassen – und dann einfach weg sein. Erst so wird die Reise zum echten Abenteuer.

Aus: http://www.stuttgarter-nachrichten.de/inhalt.auszeit-tschuess-facebook.90ce18a8-02fd-49ec-aea3-0668e9403907.html; 31. Januar 2014.

Material 5

Freimut Woessner; www.f-woessner.de

Material 6

Wo verbringen die Deutschen ihren Urlaub?			Die 10 beliebtesten Urlaubsreiseziele der Deutschen			
Anzahl der Urlaubsreisen ab fünf Tagen Dauer			Marktanteile an allen Urlaubsreisen		jeweils 2014	
Gesamt		**70,3 Mio. Reisen**	**Inlandsziele**		**Auslandsziele**	
davon	Deutschland	30,5 %	Mecklenburg-Vorp.	6,0 %	Spanien	13,5 %
	Ausland	69,5 %	Bayern	5,9 %	Italien	7,8 %
	– Mittelmeer	36,2 %	Schleswig-Holstein	4,2 %	Türkei	7,0 %
	– Westeuropa (GB, IRL, F, NL, CH, A)	13,3 %	Niedersachsen	4,0 %	Österreich	4,9 %
			Baden-Württemberg	2,6 %	Frankreich	3,4 %
	– Osteuropa (H, CZ, PL, RUS, usw.)	6,6 %	Berlin	1,4 %	Kroatien	3,3 %
			Sachsen	1,3 %	Griechenland	2,0 %
	– Skandinavien (DK, N, S, DN)	2,7 %	Nordrhein-Westfalen	0,9 %	Niederlande	2,3 %
			Hessen	0,8 %	Polen	1,9 %
	– Fernreisen	7,6 %	Brandenburg	0,8 %	USA	1,6 %

Quelle: FUR Forschungsgemeinschaft Urlaub und Reisen; Redaktion RA Reiseanalyse 2015.
Hinweis: Auswahl an Zielen dargestellt, addieren sich nicht zu 100 %.

Material 7

Gottfried Benn

Reisen

1 Meinen Sie Zürich zum Beispiel
sei eine tiefere Stadt,
wo man Wunder und Weihen
immer als Inhalt hat?

5 Meinen Sie, aus Habana,
weiß und hibiskusrot,
bräche ein ewiges Manna
für Ihre Wüstennot?

Bahnhofstraßen und Rueen,
10 Boulevards, Lidos, Laan –
selbst auf den Fifth Avenueen
fällt Sie die Leere an –

ach, vergeblich das Fahren!
Spät erst erfahren Sie sich:
15 bleiben und stille bewahren
das sich umgrenzende Ich.

Aus: © Gottfried Benn. Sämtliche Werke. Stuttgarter Ausgabe. In Verb. m. Ilse Benn hrsg. v. Gerhard Schuster
(Bände I – V) und Holger Hof (Bände VI + VII), Band I: Gedichte. Klett-Cotta, Stuttgart 1986, S. 307.

Schritt 1: Die Aufgabenstellung erfassen

23 Welche Stichworte fallen Ihnen zum Sachthema des Essays spontan ein? Nutzen Sie Ihr Allgemeinwissen und Ihre Erfahrungen für ein 3-minütiges Brainstorming.

24 Welche Informationen erhalten Sie aus den Materialien? Überfliegen Sie das Dossier und notieren Sie am Rand:
- Das ist neu für mich (N)
- Hier kann ich an Vorwissen anknüpfen (VW)
- Das spricht mich persönlich an (P)

25 Notieren Sie mögliche (Gesellschafts-)Bereiche, die das Thema berührt. Präzisieren Sie diese stichpunktartig.

26 Rekapitulieren Sie, welche Merkmale die Textsorte Essay kennzeichnen, indem Sie den folgenden Lückentext ausfüllen.

In einem Essay wird versucht, ein grundsätzliches _____ von vielen Seiten zu beleuchten. Er ist, bildlich gesprochen, als _____ angelegt und enthält sowohl _____ als auch argumentierende Elemente.

Im Unterschied zur _____, die sich um Objektivität bemüht, ist der Essay aus einer _____ Perspektive geschrieben, die er reflektiert.

Der Essay will die Leserinnen und Leser vielfältig _____ – zu Gefühlen, Gedanken, Zustimmung, Widerspruch.

Er ist ergebnisoffen, d. h. er bietet keine (endgültige) _____ des Problems an.

Der Essay ist auch formal _____. Er kann als als literarischer, philosophischer, wissenschaftlicher Essay auftreten.

Ein guter Essay ist sprachlich _____ und _____ gestaltet.

27 Machen Sie sich klar, welche Schreibkompetenzen von Ihnen verlangt werden. Notieren Sie hierzu die Operatoren (z. B. argumentieren), die in der Aufforderung „Verfassen Sie einen Essay" enthalten sind.

28 Formulieren Sie im Sinne der Themenstellung das Schreibziel Ihres Textes:

 a An welche Adressaten oder Adressatengruppen wollen Sie sich wenden?

 b Was möchten Sie bei Ihren Lesern und Leserinnen bewirken?

 c Ergänzen Sie hierfür folgenden Satzanfang: *Ich will meinen Text so schreiben, dass ...*

29 Fassen Sie Ihre Erkenntnisse zur Aufgabenstellung und zum Thema übersichtlich zusammen.

Schritt 2:
Informationen entnehmen – Lesestrategien anwenden

Lesen Sie alle Materialien aus dem Dossier mit der jeweils angemessenen Lesestrategie durch. Kennzeichnen Sie dabei Sachfragen, Sachinhalte und größere inhaltliche Zusammenhänge durch Markierungen, Unterstreichungen, Randnotizen u. Ä. Bearbeiten Sie dann folgende Aufgaben.

30 Notieren Sie stichwortartig für alle Dossiermaterialien:
- Um welche Textsorte bzw. Materialart (z. B. Nachricht, Karikatur) handelt es sich?
- Aus welcher Quelle stammt der Text bzw. das Material?
- Welche Aussageabsicht (z. B. sachliche Information, ironischer Kommentar) steht vermutlich dahinter?

Material	Textsorte/ Materialart	Quelle	Aussageabsicht
M 1			
M 2			
M 3			
M 4			
M 5			
M 6			
M 7			

31 Verfassen Sie zu den Materialien M 1 bis M 7 jeweils ein Abstract.

Schritt 3: Einen Schreibplan erstellen

32 Stellen Sie, z. B. in einem Cluster, zusammen, was Sie über das Sachthema wissen. Berücksichtigen Sie dabei die Informationen aus den Materialien (s. Abstracts, Schritt 2, Aufgabe 31) ebenso wie Ihr eigenes (Vor-)Wissen und Ihre Erfahrungen mit dem Thema „Reisen".

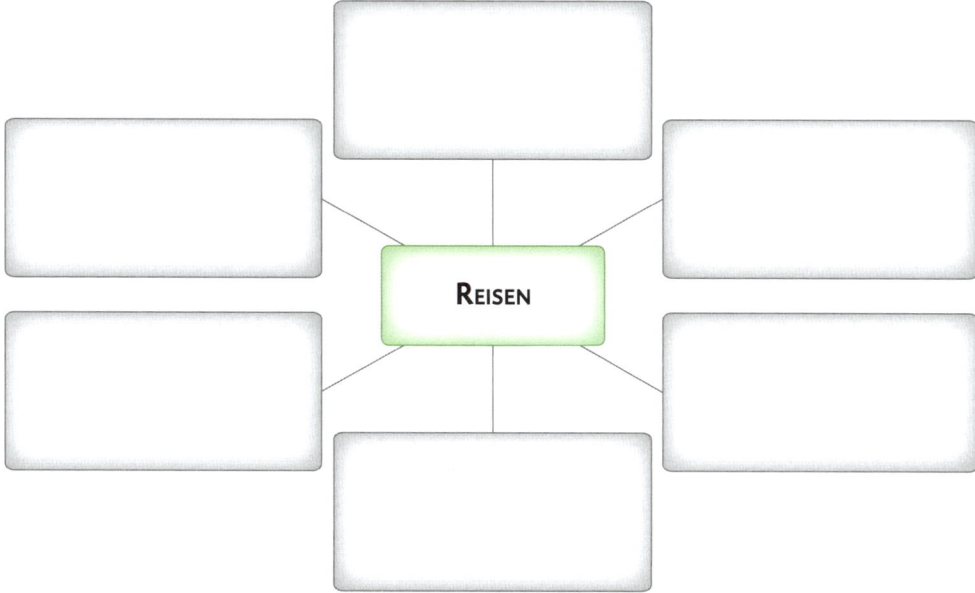

TIPP Alternative Darstellungsformen für diesen Schritt, z. B. ABC-Methode, Perspektivwechsel usw., sind auf den Seiten 21 bis 24 zusammengestellt. Sie können auch mehrere Darstellungsformen kombinieren. Nehmen Sie in diesem Fall ein gesondertes Blatt.

33 Welche **Einleitungsvariante** passt zu Ihrem Schreibziel und zur intendierten Adressatengruppe? Kreuzen Sie an (Mehrfachnennungen möglich):

☐ Um es gleich vorwegzunehmen: Ich bin ein Reisemuffel. Mich bringt nichts so schnell aus meinem Heimatdorf hinaus.

☐ Samstag, 1. August. Das Autoradio meldet kilometerlange Staus auf den Straßen Richtung Süden, das Navi signalisiert einen Unfall im Gotthard-Tunnel, in den Zügen der Deutschen Bahn ist wieder einmal die Klimaanlage ausgefallen. Und dennoch gilt für die meisten Menschen die Formel: Ferienzeit = Reisezeit.

☐ „Auch die längste Reise beginnt mit dem ersten Schritt." (Laotse)

☐ Reisen bildet – an diesem Motto orientierten sich die Adeligen im 18. Jahrhundert und schickten ihre Söhne an die Stätten des klassischen Altertums.

☐ Weltmeister im Reisen! Diesen Titel bekommen die Deutschen seit Jahren zugesprochen, und das ganz ohne anstrengenden Wettkampf.

☐ Oh je, schon wieder Sommerferien! Wohin die Familienreise wohl dieses Mal geht?

☐ Nichts wie weg! Mit *www.weg.de, travelzoo, groupon* und anderen Reiseportalen im Internet geht das ohne Probleme.

☐ *Nicht ohne meinen Alltours!* – Wer kennt sie nicht, die Werbespots der Reisefirmen …

34 Notieren Sie selbst **Stichpunkte für den Schluss** Ihres Essays. Er soll zum gewählten Einstieg passen.

35 Im Laufe Ihrer Vorarbeiten ist Ihnen vermutlich immer deutlicher geworden, welche Aspekte des Themas „Reisen" Sie in Ihrem Essay vorrangig bearbeiten wollen. Wählen Sie unter den folgenden Schwerpunkten aus und/oder ergänzen Sie eigene.

a persönliche Erfahrungen mit dem Thema (z. B. Schüleraustausch, Urlaubsreisen mit der Familie, erste Reise ohne Eltern usw.)

b Geschichte des Reisens (z. B. Pilgerreise im Mittelalter, Massentourismus heute)

c Philosophie des Reisens (Reisen als Suche nach Gott, als Selbstsuche usw.)

d ökologische und ökonomische Aspekte des Reisens (ökologischer Fußabdruck, Reisen als Wirtschaftsfaktor)

e Reisen und Kultur (Horizonterweiterung, Bildung usw.)

f _____

g _____

36 Stellen Sie übersichtlich zusammen, was Sie beim Verfassen Ihres Essays beachten müssen. Legen Sie dazu ein Schaubild nach folgendem Muster an.

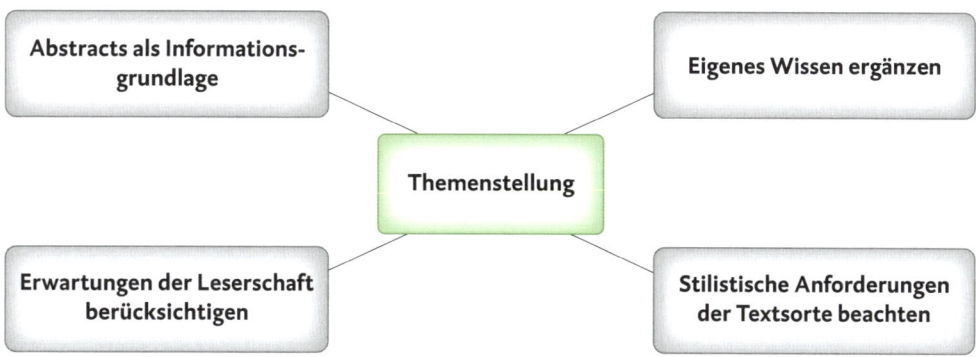

37 Erstellen Sie eine Gliederung nach dem Muster Einleitung – Hauptteil – Schluss. Formulieren Sie eine interessante Überschrift.

Schritt 4: Ausarbeitung des Essays – den Text schreiben

Achten Sie beim Schreiben auf:

- ein angemessenes Verhältnis von Einleitung, Hauptteil und Schluss
- eine gedanklich klare Struktur des Hauptteils (roter Faden)
- eine anregende und abwechslungsreiche sprachliche Gestaltung
- Absätze oder Leerzeilen, die dem Leser Orientierung bieten
- Überleitungen zwischen den einzelnen Abschnitten

38 Ordnen Sie folgende Formulierungen den gedanklichen Verknüpfungen zu, die in ihnen zum Ausdruck kommen:

1 Während die Reiseindustrie ursprüngliche Natur verspricht …	**A** Grund, Ursache
2 Da Reisen heute zu einem Massenphänomen geworden ist, …	**B** Gegensatz, Kontrastierung
3 …, sodass der Reisende seinen Horizont gar nicht erweitern kann.	**C** Absicht
4 Hingegen wird oft übersehen …	**D** Folge, Konsequenz
5 Im 18. Jahrhundert, lange bevor das Phänomen Massentourismus aufgetaucht ist, …	**E** Einwand
6 …, damit auch jeder Reisende sich wie zu Hause fühlt.	**F** Zeitsprung
7 Trotzdem: Reisen macht einfach Spaß!	

1	2	3	4	5	6	7

Übernehmen Sie die Überschrift aus Ihrer Gliederung oder formulieren Sie einen neuen Titel.

39 Formulieren Sie nun unter Beachtung der erarbeiteten Gliederung Ihren Essay.

Schritt 5: Den Text überarbeiten

Überprüfen Sie Ihren Text:

- Sind Ihre Aussagen sachlich richtig? Sind Daten und Fakten aus Statistiken korrekt wiedergegeben, Schlüsselbegriffe richtig verwendet?
- Ist Ihr Gedankengang schlüssig? Kann der Leser den roten Faden erkennen?
- Haben Sie Ihren Text in intellektuell anregender Weise gestaltet?
- Entspricht Ihr Text in formaler Hinsicht den Regeln und Normen, z. B. im Hinblick auf Rechtschreibung, Grammatik und äußere Form (Schriftbild)?

Checkliste für den Essay zum Thema „Reisen"

	+	O	–	?
DER TITEL / DIE ÜBERSCHRIFT MEINES ESSAYS …				
■ … ist prägnant formuliert und weckt Interesse.	☐	☐	☐	☐
DIE ABSTRACTS …				
■ … fassen die Kernaussagen der Dossiermaterialien in eigenen Worten knapp zusammen (ca. ¼ Seite, maximal 100 Wörter).	☐	☐	☐	☐
■ … sind sachlich formuliert (keine eigene Wertung).	☐	☐	☐	☐
■ … kennzeichnen fremde Aussagen sprachlich korrekt.	☐	☐	☐	☐
DER INHALT DES ESSAYS …				
■ … stellt das Thema / Problem in seiner Vielschichtigkeit dar und geht gedanklich über das Dossier hinaus.	☐	☐	☐	☐
■ … vertieft einzelne Aspekte des Themas (eigene Gedanken, Dossierinhalte).	☐	☐	☐	☐
■ … enthält kreative und originelle Sichtweisen.	☐	☐	☐	☐
■ … ist aus einer subjektiven Perspektive geschrieben und reflektiert diese.	☐	☐	☐	☐
AUFBAU				
■ Der Einstieg weckt Interesse und führt zum Thema hin.	☐	☐	☐	☐
■ Der Hauptteil ist als interessanter „Gedankenspaziergang" angelegt (kein streng logisches Voranschreiten wie bei einer Erörterung).	☐	☐	☐	☐
■ Der rote Faden bleibt für den Leser auch bei Gedankensprüngen und gedanklichen Abweichungen sichtbar (konzeptionelle Schlüssigkeit).	☐	☐	☐	☐
■ Der Abschluss des Essays ist ergebnisoffen (kein endgültiger Lösungsvorschlag, sondern Anregung zum Weiterdenken).	☐	☐	☐	☐

	+	O	–	?
SPRACHE				
■ Der Aufsatz ist sprachlich korrekt (Rechtschreibung, Zeichensetzung, Satzbau, Grammatik).	☐	☐	☐	☐
■ Die sprachliche Gestaltung ist abwechslungsreich (informierende, argumentierende, narrative, expressive, appellative Passagen, Ironie).	☐	☐	☐	☐
■ Stilmittel werden gezielt eingesetzt (z. B. rhetorische Figuren, bildhafte Sprache).	☐	☐	☐	☐
ERGEBNIS (Summe der jeweils angekreuzten Bewertungszeichen)				

Meine Ziele	Meine Maßnahmen

Test 1 – Prüfungsaufgabe *Lesen*

Test 1 – Prüfungsaufgabe zum Thema *Lesen*

Aufgabe:

Verfassen Sie einen Essay zu dem Thema

Von Krimis und Klassikern. Was uns Lesen bringt.

Hinweis: Als Grundlage wird Ihnen ein Dossier mit Materialien zum Thema vorgelegt.

Material 1

Bilder von Quint Buchholz

Material 2

ZEIT ONLINE

Seele sucht Seele
von Iris Radisch

1 *Einerseits ziemlich uncool, andererseits ganz schön krass: Die Tochter ist Stephenie Meyers Mysterienromanen verfallen. Und die Mutter fragt sich, wie es nur so*
5 *weit kommen konnte.*

Das alte Leid. Da hat man alles getan, um das gute Kind und das gute Buch zueinanderzubringen. Hat Kosten nicht und Mühe nicht gespart, hat alles gekauft und
10 im Kinderzimmer aufgehäuft, was Kultur, Bildung und Geschmack gebieten. *Kant für Kinder,* Mozart für Einsteiger, der *Zauberberg* für Aufsteiger, Kleist für Kleine, Heine für Halbwüchsige und sämtliche
15 von Fachleuten empfohlenen, von kundigen Jurys prämierten Jugendbuch-Preziosen[1]. Alles vergebens.

Die Pubertantin zieht es vor, sich ihre Nächte mit den Vampirgeschichten der
20 jungen amerikanischen Bestsellerautorin Stephenie Meyer um die Ohren zu schlagen, mit *Bis(s) zur Mittagsstunde* und *Bis(s) zum Abendrot,* und morgens kreidebleich zur Schule zu wanken, weil sie
25 schon wieder nicht gemerkt hat, dass es über den Küssen und Bissen der blutsaugenden Männlichkeit sechs Uhr morgens geworden ist.

Es muss einmal gesagt sein: Zwischen
30 den Büchern, die wir den Kindern ans Herz legen, mit Jugendbuchpreisen versehen, in Literaturrezensionen kunstvoll empfehlen, und den Büchern, die sie wirklich gerne lesen, gibt es so manches Mal
35 ein schwarzes Loch, in dem unsere edelsten literaturpädagogischen Hoffnungen verschwinden. Drei jeweils über 700 Seiten starke Stephenie-Meyer-Bände über die unmögliche Liebe zwischen der schö-

40 nen Bella und dem blutrünstigen Edward bewältigt die Pubertantin spielend in einer Woche, in der es ihr gleichzeitig vollkommen unmöglich war, dem brisanten Unterschied zwischen einer elektrischen
45 Parallel- und einer Reihenschaltung auch nur drei Minuten kostbarer Jungmädchenzeit zu widmen. So geht es inzwischen sieben Millionen jungen Mädchen weltweit. Was tun?

50 Jetzt mal allen Mut zusammennehmen, die Kinderzimmertür öffnen, das Kind kurz um Unterbrechung der Lektüre des neuesten 860-Seiters von Stephenie Meyer anflehen und ein literaturpädagogisches
55 Gespräch beginnen. Durchatmen. Was, liebes Kind, gefällt dir eigentlich so an den Büchern von Stephenie Meyer? Die coolen Vampire? Die Pubertantin erhebt immerhin den Blick vom Buch. Vampire,
60 sagt die Pubertantin dann, seien ja eigentlich nicht cool, aber bei Stephenie Meyer seien sie eben doch cool. Außerdem ginge es ja um eine Riesenliebe, die sei hier ganz anders, als Liebe sonst sei. Das ist nicht
65 wenig, aber ist das schon alles, was die Mädchen so süchtig macht? Die Pubertantin überlegt und sagt schließlich, dass die Bücher vor allem krass geschrieben seien.

Das mag zwar schon eine umfassende
70 Literaturkritik des Meyerschen Œuvres sein. Was aber ist das Besondere an dem aktuell neuesten Band *Seelen*? Ihr gefalle besonders, sagt die Pubertantin da, wie die Meyer ihre Welt aufbaue. Das sei
75 zwar total unrealistisch, aber doch richtig real. Eine Unterscheidung, für die in den Parallel- und Reihenschaltungen eines elterlichen Kopfes offenbar ein paar Verbin-

bindungskabel fehlen. Wie die Puberta-
tin das denn meine? Ja, das sei doch eine
Hammeridee von der Meyer: Seelen beset-
zen die Menschheit und schaffen das Geld
ab. Sie machen etwas Böses, um Gutes
zu tun. Das findet die Pubertantin richtig
cool. […]

Der zweite Schritt auf dem mühseligen
Weg der literaturpädagogischen Betreu-
ung einer von der Meyer-Sucht befallenen
Schutzbefohlenen ist der Selbstversuch.
862 Seiten *Seelen* in drei Tagen, ein Tag
unter dem Rekord der Pubertantin. Das
Ergebnis versöhnt Mutter und Tochter
wieder in alter Zweisamkeit. Beide finden die Meyer entschieden besser als die
Rowling. Meyers Sätze, sagt die Tochter,
seien einfach schöner, es drehe sich nicht
alles nur um Action wie bei Harry Potter.
Der Mutter gefällt, dass die Meyer-Welten
und die darin handelnden Personen nicht
wie bei Rowling so unerbittlich übersichtlich in Gut und Böse sortiert werden. Bei
Meyer gibt es verworrene Gefühle, endlo-
se Gespräche, bohrende Zweifel. Was kein
Wunder ist. Die Meyer schreibt schließlich exklusiv für Mädchen zwischen zwölf
und achtzehn.

Stephenie Meyer, die Mormonin ist
und in Arizona drei Söhne aufzieht, findet
ohne viel Federlesen einen Plot, der Mäd-
chenseelen aufwühlt und nebenbei einen
subtilen Gedanken der christlichen Identi-
tätsphilosophie unterhaltsam umspielt. Es
handelt sich um einen endlosen Monolog
einer „Seele", die wie Milliarden anderer
Seelen seit vielen tausend Jahren durchs

Weltall flattert, schon viele Planeten be-
wohnt hat und sich immer wieder in neuen
Lebewesen verkörpern muss, um existieren zu können.

Ohne einen „Wirt" und die sich aus
dem Wirtsverhältnis ergebenden Wider-
sprüche wäre die Seele verloren. In diesem
Buch lebt die uralte Seele in dem Körper
von Melanie, einer jungen, tatkräftigen
amerikanischen Frau. Das ist eine bizarre
Gesellschaft, die Melanie knechtet und
zugleich bereichert. Und ein Konflikt, der
nicht nur junge Mädchen, sondern auch
deutsche Philosophen umtreibt. Wann ist
der Mensch ganz? Ist er nicht immer viele
zugleich? Aber wer ist er dann? […]

Verkompliziert wird diese anrührende
scholastische[2] Auseinandersetzung durch
den Umstand, dass die Seelen in diesem
Roman die besseren Menschen sind. Sie
können sich nicht verstellen, gebrauchen
nie Gewalt und haben das Geld, den alten
Seelenverschmutzer, abgeschafft. Erst ganz
am Schluss macht Meyer aus diesem zart-
fühlenden Philosophicum wieder amerikanische Soap. Melanie wird von der
Seele befreit und sinkt ihrem Liebsten in
die Arme. Die Seele, die einen reinen See-
lenliebhaber gefunden hat, darf in einer
neuen Wirtin weiterleben. Alle sind, wo
sie hingehören. Alle sind glücklich. Friede
auf Erden.

Schaden tut das nicht. Schlecht geschrieben ist das auch nicht. *Kant für Kinder,* was übrigens ein hinreißendes Buch
von Salomo Friedlaender ist, nehmen wir
dann eben später durch.

---

1 Preziosen: Kostbarkeiten
2 Scholastik: mittelalterliche Philosophie, die christliche Offenbarungslehre und philosophisches
Denken verbindet

Aus: Die Zeit, Nr. 48/2008 vom 20. 11. 2008

Material 3

Ulrich Greiner
Über die Lust und das Laster des Lesens

1 Die Frage, warum wir lesen, ist weder leicht zu beantworten noch unerheblich. Die Antwort gibt nämlich Auskunft über das Wesen der
5 Literatur. Sie gibt Hinweise darauf, weshalb der eine Romane schreibt und der andere sie liest. Beides ist ja nicht selbstverständlich und kann durchaus mühsam sein. Es versteht
10 sich auch nicht von selbst, dass die so genannte schöne Literatur in unserer Welt ein so hohes Ansehen genießt, dass zum Beispiel die Frankfurter Buchmesse ein Ereignis ist, dem Bundeskanzler und Minister beiwohnen, und dass etwa die Vergabe des Literaturnobelpreises eine Nachricht ist, die selbstverständlich in der
15 „Tagesschau" gemeldet wird. Auch scheint es erklärungsbedürftig, weshalb die Öffentlichkeit (jedenfalls in den meisten europäischen Ländern) dazu neigt, im Schriftsteller eine moralische Instanz zu sehen, deren Rat und Meinung in strittigen Fragen von Bedeutung sind.

Warum also lesen wir Romane? Um uns zu zerstreuen, zu unterhalten, zu amüsie-
20 ren, wäre eine probate Antwort. Das glaube ich nicht. Wenn das unser einziges Ziel wäre, würden wir fernsehen oder ins Kino gehen oder, wenn wir gesellig sein sollten, ins Café, in eine Diskothek oder auf den Sportplatz. Gut, lautet eine andere Antwort, wir lesen, um etwas zu lernen, über andere Länder, andere Sitten, andere Zeiten. Auch das glaube ich nicht. Um an solche Informationen zu kommen, wäre es doch
25 besser, Geschichtsbücher, Biografien und Reiseberichte zu lesen.

Romanen, das ist hinlänglich bekannt, kann man nicht trauen. Im Englischen gehören sie zur Abteilung *fiction*. Fiktion heißt: Jemand hat sich das ausgedacht. Ob es wahr und zutreffend ist, ob es mit der historischen Wirklichkeit übereinstimmt, das wissen wir zumeist nicht. Es kann sein, oder auch nicht. Was Herman Melville
30 in seinem Roman „Moby-Dick" (1851) über die Technik und Ökonomie des Walfangs erzählt, ist verbürgt durch eigene Erfahrung und durch sein Studium walkundlicher Werke. Aber können wir aus Hölderlins „Hyperion" (1799) wirklich etwas über die Griechen und ihren Freiheitskampf erfahren? Wir lernen etwas über das Griechenlandbild der Deutschen, über Hölderlins Enthusiasmus für die Ideale der Französi-
35 schen Revolution und seine Verzweiflung über die deutschen Zustände. Aber um diese Begriffe und Sachverhalte zu verstehen, müssen wir nicht „Hyperion" lesen, dafür genügt eine gute Literaturgeschichte.

Warum also? Meine Antwort lautet: Eskapismus. Darunter versteht das Lexikon die Flucht vor der Wirklichkeit in eine Scheinwelt. „Escape from Alcatraz" heißt ein
40 berühmter Film von Don Siegel (1979).

Clint Eastwood, der Held, ist auf der Gefängnisinsel Alcatraz eingesperrt. Sie besteht eigentlich nur aus einem gewaltigen Felsbrocken, der mitten in der Bucht von San Francisco liegt. Von hier zu fliehen, gilt als aussichtslos. Natürlich, sonst hätte der Film nichts zu erzählen, gelingt dem Helden die Flucht.

45 Es ist wohl so, dass wir den Alltag und die Wiederkehr des Gleichen gelegentlich, vielleicht auch sehr oft als ein Gefängnis empfinden, aus dem wir in das Reich der Vorstellungen, der Fantasien und der Tagträume entfliehen.

Die meisten Menschen tun das, ohne sich dessen immer bewusst zu sein. Ich behaupte nun, dass dieses Fluchtbedürfnis Hauptantrieb der Leseleidenschaft ist. Li-
50 teratur zu schreiben und zu lesen ist eine hoch entwickelte Form des Eskapismus. Schauen wir uns das folgende, 1980 geschriebene Gedicht von Hans Magnus Enzensberger an:

Der Fliegende Robert
Eskapismus, ruft ihr mir zu,
55 *vorwurfsvoll.*
Was denn sonst, antworte ich,
bei diesem Sauwetter! –
spanne den Regenschirm auf
und erhebe mich in die Lüfte.
60 *Von euch aus gesehen,*
werde ich immer kleiner und kleiner,
bis ich verschwunden bin.
Ich hinterlasse nichts weiter
als eine Legende,
65 *mit der ihr Neidhammel,*
wenn es draußen stürmt,
euern Kindern in den Ohren liegt,
damit sie euch nicht davonfliegen.

Im „Struwwelpeter", dem legendären Kinderbuch des Frankfurter Arztes Heinrich
70 Hoffmann (1845), wagt sich der kleine Robert, allen Warnungen zum Trotz, bei Regen und Sturm hinaus ins Freie. Er trägt, was kleine Jungen eigentlich selten tun, einen Regenschirm. Der Sturm packt ihn, und der Junge verschwindet als der „Fliegende Robert" im Himmel. Darauf bezieht sich Enzensberger, und er dreht die Nutzanwendung des Lehrstücks in ihr Gegenteil. Die Zurückgebliebenen sind nur „Neidhammel",
75 und Robert wagt aus freien Stücken den Flug. Es ist der Flug ins Reich der Fantasie, und den Vorwurf des Eskapismus erheben nur diejenigen, die feige und einfallslos genug sind, um am heimischen Herd zu verharren.

Wer also das Gefühl haben sollte, Eskapismus sei etwas Verächtliches und Flucht eigentlich eine Schande, den belehrt Enzensbergers Gedicht, dass man es auch umge-
80 kehrt sehen kann. Diese Sichtweise hat den Vorzug, dass sie der literarischen Lektüre keinen vordergründigen Nutzen unterstellt. Der könnte allenfalls in einer Steigerung der Lese- und Sprachfähigkeit bestehen, und das wäre ja nicht wenig. Aber auch hier gilt, dass man diesen Effekt ebenso gut durch die Lektüre von Sachbüchern erreichen könnte. […]

Aus: Ulrich Greiners Leseverführer. Eine Gebrauchsanweisung zum Lesen schöner Literatur.
München: Verlag C. H. Beck 2005

Testen Sie Ihr Wissen

Material 4

Lucia Licher

Von einer die auszog

1 Wir lesen aus denselben Gründen Bücher, wie wir Gespräche mit anderen führen. Ein wichtiges Motiv ist, daß wir uns unserer Sicht der Welt „versichern" wollen. Oder weil wir an unseren Erklärungsmustern zweifeln, suchen wir neue bei anderen Menschen zu finden. Das sogenannte Aha-Erlebnis gehört dazu: Es ist das Erlebnis, daß jemand
5 Situationen oder Analysen von Situationen darstellt, die wir zu kennen glauben oder als gleichartig mit unserer Erfahrung empfinden. Wir identifizieren uns mit dem Text, da dort Worte gefunden worden sind, unseren Blick auf die Welt zu beschreiben.

Aus solchen Motiven heraus zitieren wir auch: Wir „leihen" uns ein DichterInnen-Wort, weil es unserer Empfindung nach deutlicher unsere Gefühle und Meinungen aus-
10 drücken kann, als wir es mit den „eigenen Worten" vermöchten.

Vielleicht findet sich aber auch in einem Text eine Antwort auf eine für uns bisher unlösbare Lebensfrage oder eine Erklärung, die ein neues Licht auf unser Erleben der Welt wirft. Vielleicht identifizieren wir uns mit einer sympathischen Figur in einer Erzäh-lung und stellen dann plötzlich fest, daß wir uns mit ähnlichen Menschen im Alltag nicht
15 soviel Mühe machen, sie zu verstehen. So haben wir die Perspektive gewechselt, wir sind quasi aus unserem Ich hinaus und in ein anderes hinein „geschlüpft".

Lernen an Literatur kann also sozial ausgerichtet sein. Ich kann versuchen, mehr von den Menschen in der Gegenwart und in verschiedenen Lebensbereichen der Gesellschaft zu begreifen. Ich kann gleichzeitig mit Literatur versuchen, meine Art zu leben und zu
20 sein zu verstehen, vielleicht auch, um zu sehen, wie ich politisch handeln könnte.

Ich kann Trost suchen in der Literatur. Ich kann dort erfahren, wie andere mit Schmerz und Trauer umgegangen sind. Ich kann ältere Texte lesen, um zu begreifen, welche Ent-wicklungen die Menschen in der Geschichte gemacht haben, was sie gedacht, getan und geschrieben haben, um die Gegenwart auf diesem Hintergrund neu zu sehen. Literatur
25 kann mahnen: z. B. an Ideale, an die Verantwortung, die auch ich für die Zukunft der Menschen trage. Sie kann mich aber auch ärgern, und im Protest übe ich, meine Mei-nung auch für andere deutlich zu artikulieren. Schließlich will uns Literatur erinnern, wie wichtig es ist, zu träumen oder umgekehrt, über dem Träumen die Notwendigkeiten der Gegenwart nicht zu vergessen.

30 Die Begegnung mit Literatur lehrt mich viel über das Instrument, das die Verbindung zwischen Menschen schaffen soll: die Sprache. Ich lerne über seine Unvollkommenheit, „alles" zu sagen, „eindeutig" zu sein, Wirklichkeit „objektiv" zu benennen. Die Sprache kann ja auch meine Wirklichkeit nicht ganz erfassen und beschreiben, aber die Beschäf-tigung mit Literatur verfeinert meinen Umgang mit ihr. Ich lerne aber auch, wie Sprache
35 mir helfen kann, mich in der Welt besser zu orientieren, Erlebtes zu ordnen und zu erklären. Die Auseinandersetzung mit Literatur kann dann neue Horizonte und Perspek-tiven auf das Leben eröffnen. Gleichzeitig vermag sie Hilfen an die Hand zu geben, um selbstbestimmter zu sein.

Aus: Lucia Licher: Von einer die auszog. Ein Lese- und Arbeitsbuch zur Literatur von Frauen.
Frankfurt a. M.: Scriptor Verlag 1989

Material 5

Alo Allkemper / Norbert Otto Eke

Literatur und Kanon

1 Im *Kanon* definiert sich das Selbstverständnis einer Kultur nach dem Modell: gut – schlecht, hoch – niedrig, Kunst – Trivialität. Der Kanon (Leselisten sind
5 nichts anderes als Ausdrucksformen des Kanons!) fixiert also nicht die Geschmacksurteile einzelner, sondern die Gesamtheit der literarischen Urteile innerhalb des Literaturbetriebs. Da auch
10 diese dem historischen Wandel unterliegen, sind Kanonbildungen immer strittig gewesen; vor allem ist der Kanon selbst
15 ständigen Revisionen unterworfen; jede Generation definiert ihren Kanon neu – wenn sie denn die Notwendigkeit
20 einer Kanonbildung nicht überhaupt bestreitet oder auf seine Problematiken und Risiken hinweist.

25 Zu unterscheiden ist dabei zu allererst einmal zwischen einem *normativen* Kanon, einem Kanon also, der unter Ausblendung weiter Teile des literarischen Lebens einer Kulturformation
30 dasjenige vorschreiben will, was zu lesen ist (und dabei meistens kulturkonservativ verfährt), und einem *empirischen* Kanon, der das tatsächlich zu einer Zeit Gelesene enthält. Gerade diese tatsächlich
35 gelesene Literatur spiegelt oft viel unver-

mittelter das Fühlen und Denken einer Zeit als die Werke der sogenannten Hochliteratur. Die Trivialliteraturforschung, die sich in den sechziger Jahren des 20.
40 Jahrhunderts entwickelte, setzt bei diesen Überlegungen ebenso an wie die Mentalitätsforschung, die sich auch im Bereich der Literaturwissenschaft etabliert hat. Gegen Leseempfehlungen, wie sie an
45 vielen germanistischen Seminaren neuerdings wieder ausgegeben werden, ist im
50 Grunde genommen nichts einzuwenden. Sie sind Handreichungen, die im Wissen um
55 ihre innere Problematik der Notwendigkeit einer gewissen Orientierung im Studium
60 Rechnung tragen.

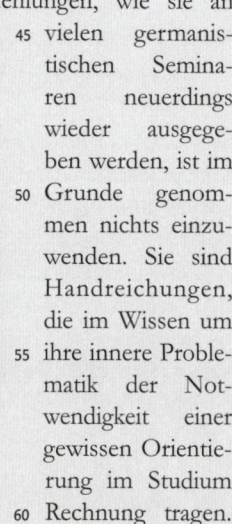

Goethe und Schiller gelten als Fixsterne des Kanons

Vorsicht ist immer aber dann geboten, wenn die Urheber solcher Listen oder *Kanones* ihre Kriterien nicht offenlegen und so der Tendenz nachgeben, unhistorisch
65 und unkritisch Geschmacks- und Werturteile mit Verbindlichkeiten auszustatten – eine Gefahr, die um so größer wird, je weiter man sich der eigenen Gegenwart annähert und den vermeintlich gesicher-
70 ten Boden des Konsenses verlässt.

Aus: Alo Allkemper/Norbert Otto Eke: Literaturwissenschaft. Paderborn: Wilhelm Fink 2004

Material 6

Daniel Pennac: Die 10 Rechte des Lesers

1. Das Recht, nicht zu lesen

2. Das Recht, Seiten zu überspringen

3. Das Recht, ein Buch nicht zu Ende zu lesen

4. Das Recht, noch einmal zu lesen

5. Das Recht, irgendwas zu lesen

6. Das Recht auf Bovarysmus[1], d.h. den Roman als Leben zu sehen

7. Das Recht, überall zu lesen

8. Das Recht, herumzuschmökern

9. Das Recht, laut zu lesen

10. Das Recht, zu schweigen

Laut Daniel Pennac darf der Leser überall lesen.

1 Bovarysmus: Anspielung auf den Roman „Madame Bovary" (1856) von Gustave Flaubert, in dem die Titelheldin Emma Bovary unter dem Einfluss ihrer intensiven Romanlektüre versucht, ihr tristes Leben in der französischen Provinz abenteuerlicher und romanhafter zu gestalten.

Aus: Daniel Pennac: Wie ein Roman. Aus dem Französischen von Uli Aumüller. Köln: Kiepenheuer & Witsch 1994

Test 2 – Prüfungsaufgabe *Minimalismus*

Test 2 – Prüfungsaufgabe zum Thema
Einfaches Leben – Minimalismus

„Brauch ich das alles?" Diese Frage stellen sich in unserer Konsumgesellschaft immer mehr Menschen. Das Bestreben, mit nur wenigen Dingen ein sinnvolles Leben zu führen, hat eine lange kulturelle und religiöse Tradition. In den letzten Jahren ist es unter dem Schlagwort „Minimalismus" fast zu einem Modetrend geworden, der sich u. a. in Bestsellern mit Titeln wie „Simplify your life" niederschlägt.

Aufgabe:
Verfassen Sie einen Essay zu diesem Thema.
Hinweis: Als Grundlage wird Ihnen ein Dossier mit Materialien zum Thema vorgelegt.

Material 1

> „Das Leben ist einfach,
> aber wir bestehen darauf,
> es kompliziert zu machen."
>
> **Konfuzius**
> *(vermutlich 551 v. Chr. – 479 v. Chr.)*
> chinesischer Philosoph

> „überflüssiger Reichtum
> kann nur Überflüssiges erkaufen."
>
> **Henry David Thoreau**
> *(1817–1862)*
> US-amerikanischer Schriftsteller

> „Wenn jeder Einzelne darauf
> verzichtet, Besitz anzuhäufen,
> dann werden alle genug haben."
>
> **Franz von Assisi**
> *(1181 oder 1182–1226)*
> italienischer Mönch und
> Ordensgründer

> „Die Welt hat genug für jedermanns Bedürfnisse, aber nicht für
> jedermanns Gier."
>
> **Mahatma Gandhi**
> *(1869–1948)*
> indischer Volksführer und
> Staatsmann

> „Man kann einen Raum sehr luxuriös einrichten, indem
> man Möbel herausnimmt, anstatt welche hinzuzufügen."
>
> **Francis Jourdain**
> *(1876–1958)*
> französischer Maler und Innenarchitekt

Material 2

Süddeutsche Zeitung

Wenig besitzen, aber viel Freiheit haben – das Minimalismus-Interview

Text: Gianna Carina Gruen

1 *Sebastian Michel ist „Mr. Minimalist". Der 21-jährige Berliner hat Minimalismus zu seinem Lebensstil erkoren. Sein Hab und Gut beläuft sich etwa auf 120 Dinge.*

JETZT.DE: Was bedeutet es für Dich, „Mr. Minimalist" zu sein, bzw. was verstehst Du unter Minimalismus?

5 SEBASTIAN: Dieser Lebensstil gibt mir die Möglichkeit, mein Leben mit so viel Wert wie möglich zu füllen. Aber eben nicht mit materiellem Wert, sondern mit meinen Leidenschaften und Zielen. Ich schreibe sehr gern, gerade auch an einem Buch. Ich bin dabei, ein Start-Up-Unternehmen zu gründen, und ich lerne gern viele neue Orte, Menschen und Kulturen kennen.

10 JETZT.DE: Welche Vorteile hat so ein Lebensstil?

SEBASTIAN: Ich bin kaum an etwas gebunden. Das einzig Verbindliche ist mein Laptop, den ich zum Schreiben und zum Arbeiten brauche. Später möchte ich gern eine Art digitaler Nomade sein, also von jedem Ort arbeiten und dort leben zu können. Wenig zu besitzen macht das einfacher, man ist unabhängiger und freier.

15 JETZT.DE: Und gibt es auch Nachteile oder Dinge, die Du vermisst?

SEBASTIAN: Nein, da fällt mir nichts ein. Aber das hängt mit meiner Grundeinstellung zusammen. Ich beschränke mich nicht um des Beschränkens Willen. Die Motivation, warum man auf etwas verzichtet, ist wichtiger. Beispielsweise hätte ich meinen Fernseher auch wieder zurückgeholt, wenn ich gemerkt hätte, dass mir dadurch Le-
20 bensqualität fehlt. Aber jetzt habe ich Zeit, mehr für mich und meine Ziele zu tun. Ursprünglich bin ich faul und es ist einfacher, samstagmorgens nach dem Aufwachen den Fernseher einzuschalten, statt sich um das Start-Up oder das Buch zu kümmern. Ohne Fernseher fokussiere ich mich aber auf die Dinge, die mir eigentlich wichtig sind. Das ist die Philosophie, die für mich dahinter steckt: den Moment zu genießen
25 und sich auf die Dinge zu konzentrieren, die einem wichtig sind.

JETZT.DE: Was hat sich für Dich und in Deinem Alltag verändert?

SEBASTIAN: Ich lebe bewusster, alles ist aufgeräumter. Nicht nur im materiellen Sinne, sondern auch bezogen auf den Freundeskreis. Ich habe auch überlegt, welche Beziehungen zu Freunden ich aufrechterhalte. Ich denke, wenn man sich verändert und ein
30 neues Ich entwickelt, dann muss ein Stück vom alten Ich dafür sterben. So war das auch bei mir. Und dadurch hat sich auch mein Umfeld verändert. [...]

Aus: http://jetzt.sueddeutsche.de/texte/anzeigen/526148/Wenig-besitzen-aber-viel-Freiheit-haben-das-Minimalismus-Interview; 10. 06. 2011

Material 3

ZEIT ONLINE | WISSEN

Das einfache Leben
von Susanne Schäfer

Zurück in die Natur? Ja, aber bitte nur mit der richtigen Funktionskleidung.

1 Der Mensch will zur Natur zurück, fährt aber im SUV durchs Wohngebiet. Er will mit weniger Mate-
5 riellem glücklich werden, muss dafür aber erst mal im Outdoorladen shoppen gehen. Sind wir auf dem richtigen Weg in ein bes-
10 seres Leben, oder machen wir uns bloß lächerlich?

Wer roh isst, braucht keinen Topf. Und keine Pfanne, keinen Bräter, keinen Reiskocher. Die diversen Regalmeter Kochbücher kann
15 er wegschmeißen – und einfach pur genießen. Denn darum geht es doch bei der Rohkost-Ernährung, die jetzt Raw Food heißt und gerade Deutschland umtreibt. Lebensmittel sollen möglichst wenig verarbeitet sein, sondern so gegessen werden, wie sie aus der Erde kommen. Als Rohköstler lebe man so ursprünglich wie unsere Vorfahren, noch bevor das Feuer erfunden wurde, steht im Ratgeber *Rohvoluti-*
20 *on:* „Die Ernährung mit rohen Früchten und Pflanzen ist so alt wie die Menschheit selbst." Deshalb: zurück zu den Wurzeln, zum einfachen Leben.

Doch das einfache Leben beginnt kompliziert. Zur Ausstattung des modernen Rohköstlers gehören Powermixer, Saftpresse, Personal Blender zur praktischen Herstellung von Smoothies unterwegs, Dörrgerät, Keimgerät, Spiralschneider für
25 Rohkostspaghetti aus Zucchini, Universalbeutel für die Zubereitung von Nussmilch, Wasserionisator und Wasservitalisierer. Dieses Equipment anzuschaffen ist eine Aufgabe für sich. Um den Mixer zu finden, der wirklich zu einem passt, muss man sich erst einmal eine gewisse Expertise aneignen. Wer Gräser und Gemüse zu grünen Smoothies zerhäckseln will, braucht zum Beispiel ein Gerät mit mehr Pürier-Pow-
30 er als jemand, der nur Beeren und Bananen zu roten Smoothies zerquetschen will. Knauserig sein sollte man nicht auf der Suche nach der ursprünglichen Ernährung. Hat man den perfekten Mixer endlich aufgespürt, kann das bis zu 900 Euro kosten.

Wir suchen das einfache Leben – und verheddern uns dabei in Widersprüchen. Eigentlich wollen wir all den Krempel ausmisten, der das Leben so unübersichtlich

35 macht, aber dazu kaufen wir erst einmal etwas ein. Eigentlich soll alles leichter werden, aber wir machen es uns umso komplizierter. Eigentlich wollen wir im Einklang
mit uns selbst und der Natur leben, uns aufs Wesentliche konzentrieren, mal wieder
im Freien tief durchatmen. Und machen den Fernseher an (mit Abstand die liebste
Freizeitbeschäftigung der Deutschen 2014). Vielleicht läuft ja der *Bergdoktor*. Oder
40 eine Dschungel-Survival-Doku.

Unser scheinbar reduziertes Leben richten wir ein mit allerlei Dingen. [...]

Umfragen dokumentieren unsere Zerrissenheit. Wenn Meinungsforscher die
Deutschen fragen, wie wichtig materielle Dinge für ein glückliches Leben sind, sagen
die meisten in großer Weisheit: nicht wichtig. Legt man ihnen aber den Satz vor „Ich
45 verzichte ganz bewusst auf vieles, das ich mir eigentlich leisten könnte", kreuzen gerade mal sechs Prozent an, dass das auf sie zutrifft. [...]

Dass wir uns mit der Suche nach dem einfachen Leben schwertun, zeigt die Fülle
der Ratgeber, von denen wir uns im Laufe der Jahre den Weg weisen ließen – den
Weg, der doch jedes Mal aufs Neue der einzig wahre und endgültige sein sollte. Mit
50 *Simplify your life* erklärten uns Anfang des Jahrtausends ein Theologe und ein Per-
sonalberater, wie wir unser Leben entschlacken sollten. Sie brachten uns bei, wie
man seinen Schreibtisch aufräumt, sein Unbewusstes mit dem Anblick der leeren
Tischplatte erfreut und die Arbeitsfläche nach dem Großreinemachen im Einklang
mit Feng-Shui neu einrichtet. Obwohl der Ratgeber versprach, das gesamte Leben
55 des Lesers von Finanzen über Zeit und Gesundheit bis zu Beziehungen und Partner-
schaft und schließlich den Leser selbst zu vereinfachen, bestand offenbar Bedarf
nachzubessern – es folgten die Bände *Simplify your love, Simplify your time* und die
Simplify Diät. Und weil so viel Vereinfachung allmählich kompliziert wurde, fassten die
Autoren all ihre Fünf-Punkte-Pläne, Spiegelstrich-Listen, Tipps und Tricks noch einmal
60 in dem Buch *Best of Simplify* zusammen, eine vereinfachte Version der unübersichtlich
gewordenen Vereinfachungsformeln. [...]

*Rohkost in fester wie flüssiger Form steht auf dem Speiseplan der Vertreter der Raw-Food-
Bewegung.*

Aus: Zeit Wissen 3/2015 vom 14. 04. 2015

Testen Sie Ihr Wissen

Material 4

Leben ohne Luxus im Aussteigerdorf

von Jessica Golatka

Das ehemalige Zie-geleigelände bildet den Kern des Dorfs Zytanien.

1 Seit rund 30 Jahren ist „Zytanien" bei Lehrte (Region Hannover) das Zuhause von Menschen, die einfach anders woh-nen und leben wollen: Wer Zytanier ist
5 und Wasser in seinem Spülbecken haben möchte, muss es sich am Gemeinschafts-hahn zapfen. Und wer hier lebt und nicht frieren will, muss selbst für den brenn-baren Nachschub in seinem Ofen sorgen.
10 Die Zytanier überwintern in ihrer Stadt ohne jeden Luxus – und sind damit ziem-lich zufrieden.

Seit 1986 wird nach und nach ausge-baut

15 „Das Überwintern hier macht mir zwar nicht besonders viel Spaß. Aber ich füh-le mich halt einfach zu Hause. Ich lebe an einem Ort, an dem ich wirklich abschalten kann. Dafür nehme ich gerne einiges in
20 Kauf", sagt Milena. Sie ist 18 Jahre alt und lebt seit ihrer Geburt in Zytanien. Ihr Va-ter Christian Topf war einer der ersten, der sich 1986 auf dem Gelände der alten Zie-gelei ansiedelte. Seitdem baut der 50-Jäh-
25 rige die alte Industrieruine nach und nach aus. Für seine Tochter hat er eine eigene Wohnung in die Ziegelei hineingebaut.

Das Dorf ist Milenas Familie
Milena ist in Zytanien erwachsen ge-
30 worden, macht jetzt eine Ausbildung zur Veranstaltungskauffrau im 30 Kilometer entfernten Hannover. Aber in der Stadt zu wohnen, das kann sie sich nicht vor-stellen. Lieber fährt sie jeden Tag von der
35 Landeshauptstadt bis ins Dorf Immensen, und dann noch weiter hinein ins Feld bis nach Zytanien. „Der Weg hierher ist natür-lich unbequem. Auch meine Wohnung mit Brennholz warm zu halten, macht Arbeit,
40 aber das macht mir alles nichts. Wir leben hier draußen eben nah an der Natur. Und das hier ist nicht einfach irgendeine Kom-mune, für mich ist das meine Familie", sagt Milena.

45 **Weder Strom noch fließend Wasser**

Auch die anderen der knapp 20 Bewohner müssen mit dem Winter in Zytanien zurechtkommen: Der 39-jährige Philipp Kapp lebt hinter der Industrieruine in 50 einer Holzhütte. Will er sich waschen, muss er sich durch den knöcheltiefen Matsch bis zum Gemeinschaftsbad vorarbeiten. Huckepack trägt er dabei seine Gasflasche. Die klemmt er am Boiler an, 55 und bekommt dann aufgewärmtes Brunnenwasser aus dem Hahn. Seit 14 Jahren macht er das schon so. Für seinen fünfjährigen Sohn Mitja hat er gerade erst angebaut, ein Bauwagen auf Stelzen schmückt 60 jetzt den hinteren Teil seiner Holzhütte. „Mein Sohn hat hier so viele Entfaltungsmöglichkeiten, viel mehr als in der Stadt. Auch wenn wir hier zusammen auf vielleicht 25 Quadratmetern leben, haben wir 65 doch ganz viel Platz für uns." In seiner Hütte hat Phillipp Kapp weder Strom noch fließend Wasser, trotzdem überwintert er hier – aus Überzeugung und abseits vom gewöhnlichen Luxus. […]

Aus: http://www.ndr.de/nachrichten/niedersachsen/hannover_weser-leinegebiet/Leben-ohne-Luxus-im-Aussteigerdorf,anderswohnen106.html; NDR.de, 10. 03. 2015

Material 5

Statistisches Bundesamt

Zahl der Woche vom 23. Juni 2015

617 Kilogramm Abfall pro Kopf: Deutschland deutlich über dem EU-Durchschnitt

1 ■ **Wiesbaden** – 2013 fielen in Deutschland im Durchschnitt 617 Kilogramm Siedlungsabfall je Einwohner an. Wie das Statistische Bundesamt (Destatis) auf Grundlage von vorläufigen Eurostat-Daten mitteilt, lag die Abfallmenge deutlich über dem Durchschnitt der Europäischen Union (EU) von rund 5 481 Kilogramm je Einwohner.

Noch höhere Werte gab es nur in Zypern (624 Kilogramm), Luxemburg (653 Kilogramm) und Dänemark (747 Kilogramm). Hingegen war das Abfallaufkommen vor allem in den östlichen EU-Staaten deutlich geringer. Die niedrigsten Mengen je Einwohner verzeichneten Rumänien (272 Kilogramm) 10 und Estland (293 Kilogramm).

Zu den Siedlungsabfällen (kommunalen Abfällen) zählen Haushaltsabfälle, vergleichbare Abfälle aus Gewerbe und Industrie sowie Verpackungsabfälle.

Aus: https://www.destatis.de/DE/PresseService/Presse/Pressemitteilungen/zdw/2015/PD15_026_p002.html; Autorin: Isabella Mehlin; Statistisches Bundesamt Wiesbaden, 23. 06. 2015

Material 6

Badische Zeitung

Bitte weniger! Und einfacher! Minimalismus ist Kult

Autorin: Eva Tenzer

1 [...] **Das Easterlin-Paradox**

Für das seelische Wohlbefinden, darauf deuten Studien hin, ist dieser Versuch [sich auf das Notwendige zu beschränken] auf jeden Fall ein Gewinn. Sie zeigen, dass wachsender materieller Wohlstand und die immer größere Auswahl

5 an Konsumprodukten die Psyche eher belasten und sogar überfordern, anstatt sie zu bereichern.

Das Easterlin-Paradox, benannt nach einer Studie des US-Forschers Richard Easterlin, besagt, dass steigendes Einkommen nur bis zu einem bestimmten Punkt mehr Lebensglück schafft. Sind die

10 grundlegenden Bedürfnisse erfüllt, stagniert die Glückskurve und geht dann, weiter steigendem Einkommen zum Trotz, sogar leicht zurück. So hat sich etwa in Japan das durchschnittliche Einkommen in den letzten 60 Jahren vervier-

15 facht, das Glücksempfinden der Menschen blieb jedoch konstant. Und auch eine Studie des Leibniz-Instituts für Sozialwissenschaften Gesis zeigt die Grenzen dieses Glücklichmachers: Die Lebenszufriedenheit durch Konsum

20 erhöht sich nicht linear, sondern nimmt mit steigenden Ausgaben tendenziell wieder ab. [...]

Mehr Geld bedeutet nicht automatisch mehr Glück. Nur Dagobert Duck sieht das anders.

Wie ist Wirtschaft ohne Zwang zu weiterem Wachstum denkbar?

Eingespannt ins Räderwerk der Wirtschaft, die uns das Glück von materiellem Konsum systematisch überschätzen lässt, bleibt offenbar verborgen, dass im-

25 mer mehr Produkte nicht immer mehr Zufriedenheit produzieren können. Nicht zuletzt wegen des Gewöhnungseffekts gibt es kaum noch Steigerungen des Glücksempfindens. Aus solchen Gründen, aber vor allem auch mit Blick auf Umweltzerstörung und Ressourcenverbrauch diskutieren Wirtschaftsexperten das Thema Suffizienz in letzter Zeit intensiver. Wie ist Wirtschaft ohne Zwang

30 zu weiterem Wachstum denkbar, und wie lässt sich unter den gegenwärtigen Bedingungen Suffizienz als Ziel erreichen? [...]

Aus: *Badische Zeitung,* 12. 10. 2015

Material 7

Lösungen

Statt einer Einführung

1 **a** Der Essay ist eine kürzere Abhandlung zu einem Thema von gesellschaftlicher Relevanz.

- Er ist eine anspruchsvolle Textsorte, die formale und stilistische Prinzipien beachtet.
- Er gleicht einem Gedankengang, ist also assoziativ angelegt und nähert sich dem Thema aus unterschiedlichen Richtungen, manchmal auch auf scheinbaren Umwegen an.
- Wörtlich übersetzt bedeutet Essay „Versuch" – es handelt sich bei den Texten also um den Versuch, sich dem behandelten Gegenstand persönlich und aus subjektiver Sicht anzunähern.
- Spontaneität und Kreativität sind wichtige Merkmale.
- Für das Verfassen eines Essays kann man auf Schreiberfahrungen aus dem Deutschunterricht und anderen Fächern zurückgreifen.

b
- Es handelt sich um eine essayistische Abhandlung über das Schreiben eines Essays.
- Sie ist der Versuch, das Thema aus immer wieder neuen Richtungen einzukreisen und zu erschließen.
- Der Text ist assoziativ angelegt, schweift immer wieder ab, folgt aber dennoch einem roten Faden (Frage nach den Eigenarten des Essays – Definition aus einem Lexikon – Überlegungen zur Wortherkunft – Exkurs: spontaner Schreibversuch – Freiheiten und Regeln beim essayistischen Schreiben – Bezüge zu anderen Aufsatzformen – Metapher: Essay als Gedankenspaziergang – Ziel: überzeugender Text)
- Es finden sich zahlreiche rhetorische Mittel (Metaphern, Leseranrede, rhetorische Fragen, Ellipsen, Reihungen, umgangssprachliche Wendungen, Wortspiele, Vergleiche).
- Der fiktive Dialog mit dem Leser lässt den Text spontan und einfallsreich wirken; die eingeschobene Schreibübung erscheint wie ein überraschender Einfall.

2 Ein Schüler sitzt rat- und hilflos in einem Papierregen. Offensichtlich soll er die auf ihn einprasselnden Informationen verarbeiten und möglicherweise für das Verfassen eines eigenen Textes nutzen, doch fühlt er sich überfordert.

3 Individuelle Lösung; ein innerer Monolog könnte folgendermaßen beginnen: „Mir schwirrt der Kopf! So viele Infos – und die soll ich jetzt zu einem spritzigen, cleveren Essay verwursten, um so meinen Lehrer zu beeindrucken. Wer soll denn da den Überblick behalten? Wo anfangen – und wo wieder aufhören? Nur drauflosschreiben darf ich nicht. Denn: Das Ganze muss ja auch noch eine Struktur haben. Und nun? Was soll ich schreiben? Vielleicht ist das ja ein ungewöhnlicher Einstieg? Ich schreibe, dass ich vor lauter Fakten und Meinungen meine eigene Position nicht mehr sehe. Ich schreibe, dass ich schreibe, um den Durchblick zu bekommen …"

Haben Sie's gewusst?

Übungsaufgabe *Ehrgeiz*

4 Individuelle Lösungen; denkbar wären folgende Aspekte:
  + Voraussetzung, wenn man Karriere machen, sozial aufsteigen will
  + wichtige Motivation im Sport
  + Ansporn, gute Leistungen in der Schule zu erbringen
  + wissenschaftlicher Ehrgeiz führt zu Entdeckungen, Erfindungen
  + Ehrgeiz als Basis für Weiterentwicklung der Kultur, Gesellschaft
  − aber auch ins Krankhafte übersteigerte Ausprägung
  − befördert Egoismus
  − kann familiäre, zwischenmenschliche Beziehungen untergraben, zerstören
  − im Sport kann Freude verloren gehen

5 Individuelle Lösungen

6
  ■ Politik: Erreichen politischer Ziele (im Vergleich mit anderen Ländern, z. B. Reduktion des CO_2-Ausstoßes); Konkurrieren im Wahlkampf
  ■ Wirtschaft: wichtiger Motor im ökonomischen Wettbewerb (Unternehmensziele erreichen, Aktionäre zufriedenstellen, weiteres Wachstum erzielen)
  ■ Kultur: künstlerische Werke als Resultat von Ehrgeiz
  ■ Sport: Wettkampf, Ringen um Auszeichnungen und Bestleistungen sind ohne Ehrgeiz nicht denkbar
  ■ Medien: Konkurrieren um Zuschauer, Quoten; Vermarktung von Ehrgeiz in TV-Formaten

7 Zutreffend sind die Aussagen E, V, H, U, S, C, R – Lösungswort: **Versuch**

8 u. a. argumentieren, informieren, erläutern, Stellung nehmen, schildern, erzählen (auch fiktional), bewerten

9 **a** Denkbare Adressaten sind Personengruppen, die das Thema direkt angeht, z. B. Schülerinnen und Schüler, Studierende, Lehrpersonen, aber auch Berufsgruppen, in denen es besonders gute Aufstiegsmöglichkeiten gibt.
  b Z. B. aufklären über die Ambivalenz von Ehrgeiz; die Bedeutung von Ehrgeiz für das Fortkommen Einzelner und der Gesellschaft aufzeigen; aufmerksam machen auf gesellschaftliche Trends usw.
  c Zu den Beispielen oben passend: kontrastierende Schilderung; fiktionale Passagen (Vision ausmalen); informierende und argumentierende Darstellungsformen (Grundlage: Informationen aus dem Dossier, eigenes Wissen, eigene Erfahrungsberichte)

Haben Sie's gewusst?

10

Thema:
- Vom Ehrgeiz: Spielarten, Formen und Bewertungen dieser Eigenschaft

Schreibziel:
- Ambivalenz von Ehrgeiz aufzeigen
- Rolle von Ehrgeiz für eigenen Alltag darstellen
- Zu Ausgeglichenheit aufrufen

Aufgabenstellung erfassen

Textsorte:
- Essay als subjektive, assoziative, problembewusste Auseinandersetzung

Adressaten:
- Leser der Schülerzeitung: Schüler und Schülerinnen; Eltern und Lehrer

11 Individuelle Lösung; exemplarische Bearbeitung von Material 3.

Harald Martenstein: Ehrgeiz

1 Im Fernsehen kam ein Interview mit der Ministerpräsidentin Hannelore Kraft, SPD. Sie sollte sich zu der Frage äußern, ob sie irgendwann gern Kanzlerin werden möchte. Die Frage wird auch ihrem Rivalen von der CDU häufig gestellt. Frau Kraft wand sich wie eine Würmin. Das ist eine Journalisten-Lieblings-
5 frage an Politiker: „Was wollen Sie irgendwann werden?" Ich möchte sie ein für alle Mal beantworten.

Natürlich möchte Hannelore Kraft Kanzlerin werden. Wenn man in irgendeinen Beruf hineingeht und über ein Normalmaß an Ehrgeiz verfügt, dann will man was erreichen in diesem Beruf, am besten wäre natürlich der Topjob. Jeder
10 16-jährige Fußballer träumt davon, in der Nationalmannschaft zu spielen, eines Tages. Jeder leidenschaftliche Koch besäße gern drei Sterne, kein Literat hätte ernsthaft etwas gegen den Literaturnobelpreis einzuwenden. Sogar die meisten Redakteure würden erfreut annehmen, wenn man ihnen die Chefredaktion anbietet. Was mich betrifft: Ich nehme alles an, außer Papst.
15 Was ist daran verwerflich? Gar nichts. Gleichzeitig ist es unwahrscheinlich, dass man es schafft, und das weiß man auch. Es hängt, selbst wenn man tatsächlich das Zeug dazu hat, auch von Glück und Umständen ab. Und es wäre blöd, sich nicht innerlich auf den Normalfall einzustellen, dass es nämlich nichts wird mit dem Nobelpreis, der Kanzlerschaft oder der Papstwürde. Auch
20 jenseits dessen hat das Leben viel zu bieten. Noch blöder wäre es allerdings, seine Träume vor allen Leuten laut herauszuposaunen. Am ehesten schaffen es wahrscheinlich die 16-jährigen Fußballspieler. Obwohl es ganz normale Träume sind.

Einstieg: Beispiel aus der Politik

!! *These: Jeder will das Bestmögliche erreichen* ☺

Beispiele

Ironie

! *realistische Einschätzung*

Ehrgeiz als Tabu **?**

Ehrgeiz ist eines der letzten Tabus. Viele haben ihn. Niemand gibt es zu.
25 Auch das Lexikon Wikipedia macht den Ehrgeiz schlecht: „Unter E. versteht man die Gier einer Person nach Ehre, oft verbunden mit dem Streben nach Macht und Ruhm." Angeblich darf es allen immer nur um die sogenannte „Sache"

Demut als verlogen

gehen. Alle tun so verdammt demütig. Aber das ist doch völlig unrealistisch und verlogen. Wenn Menschen nicht ehr-
30 geizig wären, würden wir immer noch auf den Bäumen hocken und uns gegenseitig total relaxed lausen, so sieht nämlich die Wahrheit aus. Wie soll jemand aus der Unter-
35 schicht hochkommen, wenn man

Ehrgeiz als nötiger Motor für Veränderung **!!** ☺

den Leuten dauernd erzählt, Ehrgeiz sei schlecht?

Fastenaufruf der evangelischen Kirche, sich sieben Wochen des falschen Ehrgeizes zu enthalten

Ich habe festgestellt, dass die evangelische Kirche in diesem Jahr
40 eine Fastenaktion „Sieben Wochen ohne falschen Ehrgeiz" ausgerufen

Was ist falscher Ehrgeiz?

Ironie, Spott
→ Text = Glosse

hat. Man sollte als Christ in Deutschland bis zum 8. April beim Autofahren, beim Sport, beim Singen, Kochen und Sparen keinen Ehrgeiz haben, zumindest keinen falschen. Wie man richtigen von falschem Ehrgeiz unterscheidet, haben
45 sie leider nicht erklärt. Ich bin jedenfalls froh, dass ich in der Fastenzeit bei keinem engagierten Christen zum Essen eingeladen war oder seinem ehrgeizlosen Gesang lauschen musste. Hoffentlich haben Christen nicht zu viele Autounfälle gebaut. Was alles passieren kann, wenn man beim Sparen völlig ehrgeizlos ist, zeigt Griechenland. Womöglich hing auch der plötzliche, nach Aschermitt-
50 woch beginnende Absturz des Fußballvereins Borussia aus Mönchengladbach mit der Fastenaktion zusammen.

Frage nach sinnvollem Ausmaß von Ehrgeiz bleibt offen

Meiner Meinung nach wäre Jesus ohne ein bisschen Ehrgeiz nie so erfolgreich gewesen. Pilatus hielt Jesus für den „König der Juden". Da kommt man ohne Ehrgeiz nicht hin. Aber wie viel Ehrgeiz ist erlaubt? Um diese komplizierte Frage befriedigend beantworten zu können, müsste man ein extrem ehrgeiziger

Pointe

Kolumnist sein. Mir aber geht es selbstverständlich nur um die Sache.

Aus: Harald Martenstein: Die neuen Leiden des alten M.: Unartige Beobachtungen zum deutschen Alltag. München: C. Bertelsmann Verlag 2014.

Haben Sie's gewusst?

12

Material	Textsorte/ Materialart	Quelle	Aussageabsicht
M 1	Zitate, Sprüche, Lebensweisheiten	?	persönliche Stellungnahme, Belehrung
M 2	Foto: Anzugträger als Sprinter	?	Kritik
M 3	Harald Martenstein, Glosse	Textsammlung	humorvoller Denkanstoß
M 4	Zeitungsartikel	RP ONLINE	Information und Meinungsbildung
M 5	Zeitschriftenartikel	FOCUS Magazin	Information, kritische Auseinandersetzung
M 6	Grafiken, Diagramme	Shell-Jugendstudie	Information, Auswertung einer Umfrage

13
- Abstracts schreibt man im Tempus ~~Präteritum~~ / Präsens.
- Der Textumfang ist ~~beliebig~~ / begrenzt.
- Texte werden rein inhaltsbezogen zusammengefasst / ~~formal und inhaltlich beschrieben~~.
- Schaubilder, Karikaturen o. Ä. werden beschrieben und gedeutet / ~~beschrieben und kommentiert~~.
- Faktenwissen, das in statistischem Material (z. B. Tabellen, Diagramme) enthalten ist, wird ~~im Konjunktiv benannt~~ / im Indikativ benannt.
- Man schreibt in einem sachlich-neutralen Stil / ~~subjektiv-wertenden Stil~~.
- Fremde Werturteile werden ~~wörtlich zitiert~~ / indirekt im Konjunktiv wiedergegeben.

14 **Abstract zu Material 1: Zitate**
Ehrgeiz wird unterschiedlich bewertet. Er wird abgegrenzt von Faulheit und Lebensgenuss. Ehrgeiz wird insofern als notwendig dargestellt, als er eine „Triebfeder des Handelns" darstellt. Allerdings komme es auf das rechte Maß an, zumal Ehrgeiz oft mit Neid einhergehe.

Abstract zu Material 2: Bild
Das Foto zeigt mehrere elegant gekleidete Personen, offenbar Manager, die auf einer Aschenbahn gleichsam in den Startlöchern liegen und auf das Startkommando zum Sprint warten. Der für Läufer nötige sportliche Ehrgeiz wird auf Manager übertragen, die ebenso um die ersten Plätze konkurrieren.

Abstract zu Material 3
Harald Martenstein: Ehrgeiz
Die Glosse attackiert die falsche Bescheidenheit, die jegliche Ambitionen leugnet. Jeder, der über einen gewissen Ehrgeiz verfüge, wolle das Bestmögliche erreichen, auch wenn ihm bewusst sei, dass er dieses Ziel wahrscheinlich nicht erreichen werde. Ehrgeiz habe einen schlechten Ruf, doch hätte sich ohne ihn die Gesellschaft nicht weiterentwickelt.

Abstract zu Material 4
Dorothee Krings: Die Erfolgsregeln der „Tigermama" (RP Online, 8. 2. 2014)
Der Artikel rezensiert eine Studie der amerikanischen Unidozenten Amy Chua und Jed Rubenfeld. Chua hat sich als „Tigermama" einen Namen gemacht, da sie mit rigiden „chinesischen" Erziehungsmaßnahmen ihre Kinder zu Höchstleistungen gebracht hat. In ihrem Buch stellt Chua mit ihrem Mann Rubenfeld einen Zusammenhang her zwischen den kulturellen Wurzeln US-amerikanischer Einwanderer und deren Bereitschaft, sich sozial hochzuarbeiten. Erfolg führen die Autoren auf drei Ursachen zurück: das Bewusstsein, zu einer besonderen Gruppe zu gehören, eine unsichere Stellung in der Gesellschaft, um die man kämpfen muss, sowie Selbstdisziplin. Dass das Erfolgsstreben Stress und psychische Beschwerden auslösen könne, nehmen sie in Kauf. Der Artikel kritisiert das Vorgehen der beiden Autoren als unseriös, da sie andere für den Aufstieg relevante Faktoren ignorieren. Zudem wird die Intention des Buches hinterfragt, das Leistung als Voraussetzung für mehr Konsum propagiert.

Abstract zu Material 5
Glücksfaktor Sport: Sport stachelt Ehrgeiz an (Focus, 9. 7. 2012)
Der Artikel beleuchtet die Bedeutung von Ehrgeiz für den Sport. Am Beispiel des Rennradfahrers Stefan Schlegel wird gezeigt, dass das Erringen sportlicher Höchstleistungen Glücksgefühle auslösen kann, aber dauerhaft betriebener Leistungssport der Gesundheit schadet. Ein Psychologe und ein Sportmediziner raten, zunächst ohne Ehrgeiz zu beginnen und sich realistische Ziele zu setzen. Wichtig seien ein Gesundheitscheck und bei körperlichen Problemen eine Absprache mit dem Arzt. Es gelte, einige Wochen durchzuhalten, bis sich Leistungserfolge und Spaß einstellen, oder aber die Sportart zu wechseln.

Abstract zu Material 6
Shell Jugendstudie 2015
Die Shell Jugendstudie von 2015 erfragt die Werte von heutigen Jugendlichen und setzt sie in Relation zu den Ergebnissen aus früheren Umfragen. An erster Stelle stehen für die Befragten das Familienleben (90 %) sowie die Gesetzestreue (84 %). Doch gleich darauf folgt der Ehrgeiz mit 82 %, wohingegen der Glaube an Gott, das Festhalten an Überkommenem oder das politische Engagement von weniger Jugendlichen als wichtig erachtet werden. Im Vergleich zu den Vorjahren blicken die jungen Menschen viel optimistischer in die Zukunft. Sowohl unter Jungen als auch unter Mädchen gibt es in der aktuellen Studie mehr Macher als früher: Für diese haben Fleiß und Ehrgeiz sowie Fantasie und Kreativität die Priorität. Während es unter den Befragten kaum zögerliche Wertetypen gibt und auch der Anteil der materialistisch orientierten Jugendlichen zurückgeht, finden sich unter den weiblichen Teilnehmern der Umfrage zahlreiche Idealistinnen.

15 Individuelle Lösungen

16 Unter dem jeweiligen Einstieg finden sich Vorschläge für einen passenden Schluss.

17 ■ **Schildern Sie Schreibanlass und/oder Schreibsituation:**

> *Verfassen Sie einen Essay zum Thema „Ehrgeiz" – ein wahrhaft ehrgeiziges Unterfangen! Mit dem Phänomen „Ehrgeiz" befassen sich momentan 20 Personen hier im Raum, und jede möchte es besser, tiefschürfender, anregender darstellen als alle anderen, um die bestmögliche Note herauszuschlagen.*

Passender Schluss: Fazit, Ausblick auf die Bewertung / Benotung des Aufsatzes, Schilderung der Klausur-Rückgabe durch die Lehrkraft

■ **Berichten Sie von eigenen Erfahrungen:**

> *An meine Grundschuljahre habe ich noch ziemlich genaue Erinnerungen. Das Lernen hat mir damals viel Spaß gemacht und ich habe mich sehr gefreut, wenn meine Anstrengungen belohnt wurden: mit einem kleinen Stempel „gut gemacht" im Heft, mit einem Bildchen zum Einkleben, mit einer gelben Sonne, die auf dem Fortschrittsbarometer an der Wand neben meinen Namen gepinnt wurde. Für diese kleinen Anerkennungen habe ich wirklich alles unternommen und ich höre noch, wie meine Lehrerin zu mir sagt: „Sei doch nicht immer so ehrgeizig!"*

Passender Schluss: Entgegnung auf den Appell der Lehrerin, z. B. dass Ehrgeiz sich lohnt/gelohnt hat (erwarteter guter Abiturschnitt, gute Zukunftsaussichten, ehrgeizige Zukunftspläne, z. B. Medizinstudium)

■ **Beschreiben Sie eine Alltagssituation und das, was sie bei Ihnen auslöst:**

> *Tausend Mal geübt, tausend Mal nichts passiert! Ob Klettern oder Klavier, Spanisch oder Jonglieren, Autofahren oder Aquarellieren – alles will geübt sein. Spaß macht es meist nicht, den eintönigen Fingeretüden im Klavierunterricht zuzuschauen (und -hören) oder die immer gleichen Kletterübungen von Anfängern zu beobachten. Wofür werden die wohl bestraft?, denke ich da manchmal, denn diese Form von Ehrgeiz geht mir völlig ab.*

Passender Schluss: Rückkehr zum Ausgangsgedanken und Bestätigung oder Schilderung des Gegenteils („Nun packt mich doch noch der Ehrgeiz!")

■ Formulieren Sie eine **prägnante oder provozierende Aussage oder stellen Sie eine These auf:**

> *Ungeduldig, nervös, perfektionistisch – das sind die unsympathischen Eigenschaften ehrgeiziger Menschen. Ehrgeiz = Strebertum!*

Passender Schluss: Wiederholung der drei Attribute, aber Umdeutung in positive Eigenschaften; der Ungeduldige ist effizient, er bringt die Welt voran; der Nervöse ist besonders sensibel und spürt, wo etwas getan werden muss; der Perfektionist ist extrem zielstrebig.

■ Wählen Sie ein Zitat aus dem Materialdossier:

> *„Mit Ehrgeiz verhält es sich wie folgt: Die Dosis macht das Gift." Dieses Statement der österreichischen Philosophin und Künstlerin Lisz Hirn schreibt dem Ehrgeiz die Wirkung eines Medikaments zu: Im Übermaß genossen wird jedes Heilmittel zum Gift.*

Passender Schluss: Zitat, das die Aussage bestätigt, erweitert oder bestreitet

Haben Sie's gewusst?

- **Stellen Sie eine rhetorische Frage:**

> *Wer kennt ihn nicht, den typischen Streber? Wer ist noch nie einem Karrieristen begegnet, der ehrgeizig und rücksichtslos seinen Weg geht?*

Passender Schluss: Antwort auf die Ausgangsfrage oder eine weitere Frage (rhetorisch oder offen), die den Leser zum Weiterdenken anregt

- **Zitieren Sie eine allgemeine Lebensweisheit**, eine **Redensart** oder ein **Sprichwort:**

> *Gut genug! Sieben Wochen ohne falschen Ehrgeiz – unter diesem Motto stand vor einiger Zeit die jährliche Fastenaktion der evangelischen Kirche. Mach mal langsam, du musst nicht hoch hinaus! Probier's mal mit Gemütlichkeit! Solche Botschaften hört der moderne Mensch nicht ungern, er fragt sich allerdings auch: Wo kämen wir hin, wenn wir diesen Appellen folgen würden? Und was unterscheidet den falschen vom richtigen Ehrgeiz?*

Passender Schluss: Fazit, z. B. Abgrenzung falscher / krankhafter vs. richtiger/gesunder Ehrgeiz

18 Schwerpunkte könnten bestimmte Lebensbereiche sein: Schule, Ausbildung, Freizeitaktivitäten (Sport, Musik, Schach usw.), Beruf usw. Im Mittelpunkt könnten extrem negative Aspekte stehen: Ehrgeiz als Gift für zwischenmenschliche Beziehungen – aus übersteigertem Karrieredenken sabotiert man potenzielle Konkurrenten am Arbeitsplatz, intrigiert oder vernachlässigt seine Familie und Freunde. Möglicherweise schädigt man mit der Fixierung auf das berufliche Vorankommen auch seine Gesundheit.

19 Übersicht:

Abstracts als Informationsgrundlage
- ohne Ergeiz keine Weiterentwicklung des Einzelnen, der Gesellschaft
- Drill bei Erziehung fragwürdig („Tigermama")
- Gegensatz: Faulheit, Genuss
- wichtig bei Sport, sollte aber nicht zu Lasten der Freude gehen
- zentraler Wert für Jugendliche

Eigenes Wissen ergänzen
- krankhafter Ehrgeiz zerstört Beziehungen
- Ideal der Leistungsgesellschaft
- Abgrenzung richtiger/ falscher Ehrgeiz
- Bedeutung für schulische Laufbahn

Themenstellung: Vom Ehrgeiz

Erwartungen der Leserschaft berücksichtigen
- Unterhaltung
- Information
- Impulse zum Nachdenken
- Bekanntes aus anderer Perspektive sehen

Stilistische Anforderungen der Textsorte beachten
- assoziative Annäherung an Thema
- Berücksichtigung unterschiedlicher Perspektiven
- abwechslungs- und geistreicher Stil
- interessanter Einstieg und Schluss, der zum Weiterdenken auffordert

Haben Sie's gewusst?

20	Strukturelement des Aufsatzes	Inhaltlicher Aufbau	Bezug zum Dossier (M 1, M 2 …)	sprachliche Gestaltung (z. B. informativ, argumentativ, appellativ)
	Einleitung	Konkrete eigene Erfahrung: schlechte Zensuren in Klausur, Fragestellung: Fehlen von Ehrgeiz?		expressiv
	Hauptteil	■ Ehrgeiz abhängig von Bereich des Lebens (Beispiele)		argumentativ
		■ Beweis für Pragmatismus	M 6	
		■ Ehrgeiz und Leistung als Erziehungsideale? Hinterfragen der Methoden von Amy Chua	M 4	informativ, kritisch
		■ Ehrgeiz im Sport: Bedeutung und Risiken (Beispiele)	M 5	informativ
		■ Frage nach rechtem Maß an Ehrgeiz	M 1	Impuls zum Nachdenken
		■ schlechtes Image von Ehrgeiz	M 3, M 1	argumentativ
		■ Unterscheidung richtiger – falscher Ehrgeiz? (Dialog)		narrativ (spielerischer, fiktionaler Exkurs)
	Schluss	Schlussgedanke: ausgewogene Einstellung zum Ehrgeiz (Rückbezug auf eigene Situation)		appellativ

21	Darstellungsweise	Beispiel
	■ Informierend (klärt den Leser auf über Sachverhalte, Tatsachen, Wertungen usw.)	Wenn man in Wörterbüchern und Nachschlagewerken recherchiert, wird schnell deutlich, …
	■ Argumentierend (begründend, mit unterschiedlichen Beispielen belegt; fordert den Leser zur Auseinandersetzung mit dem Problem auf)	„Ehrgeiz macht unsympathisch" – dieser These stimmen viele Menschen zu. Auch in der Literatur kann man von der abstoßenden Wirkung der Eigenschaft „Ehrgeiz" lesen. ■ So schreibt z. B. … ■ Die Karriere des Sportlers X …

Darstellungsweise	Beispiel
■ Expressiv (subjektive Aussagen in der Ich-Form, Ausrufe, direkte Ansprache des Lesers u. Ä.)	Oh, wie unsympathisch sind mir doch all diese Macher-Typen, die sich „fleißig und ehrgeizig" durchs Leben schlagen (vgl. Shell Jugendstudie 2015)! Finden Sie, liebe Leserinnen und Leser, es nicht auch erschreckend, dass sich laut Shell Jugendstudie 86 % der „Macher"-Gruppe ganz offen zu dieser Wertorientierung bekennen? Ich persönlich …
■ Appellativ (Aufforderungen, Appelle, Bitten, Befehle, Imperative, auch in versteckter Form, rhetorische Fragen)	■ Deshalb fordere ich Sie, liebe Leserinnen und Leser, dazu auf: … ■ Ist es nicht besser für die Gesellschaft, wenn …? ■ Jeder muss selbst entscheiden …
■ Narrativ (berichtend, erzählend, schildernd, auch fiktional als erfundenes Erlebnis, Gedankenspiel, Fantasiereise u. Ä.)	Letztens hatte ich einen seltsamen Traum: Ich hatte Tag und Nacht für die Englisch-Prüfung gelernt – und wusste nun, als es soweit war, kein einziges Wort mehr …
■ Uneigentliche Sprechweisen (Ironie, Übertreibung, unernste Bemerkungen; unterhalten und amüsieren den Leser)	Die Konsequenz aus dieser Einsicht ist doch klar wie Kloßbrühe: Schulnoten werden sofort und unwiderruflich abgeschafft! Seriöse Wissenschaftler wollen nämlich herausgefunden haben, dass der Faktor Ehrgeiz eine nicht unerhebliche Rolle bei der Notengebung spielt. Der ehrgeizige Schüler, so könnte man mit Fug und Recht sagen, manipuliert seine Lehrer. Das funktioniert so: …

22   **Lösungstext Essay**

Von Ehrgeiz keine Spur?

Einstieg

Schilderung einer Situation: Klausurrückgabe in der Schule

Vielleicht lag es an den langen Winterferien, die alle Gedanken an die Schule verdrängt hatten? Oder am glatten Gegenteil: dem intensiven Üben von schwierigen Klausurbeispielen, dem Abhaken von umfangreichen Checklisten, der Überprüfung eigener Leistungen mittels komplizierter Kriterienkataloge, dem Lesen von mustergültigen Lösungsvorschlägen auf unerreichbarem Niveau? Auf jeden Fall war die Stimmung gelassen, als Herr M. uns am ersten Schultag im Januar mit missmutiger Miene unsere Aufsätze zurückgab. Durchschnitt 6,4 – keine Spitzenleistungen, viel Mittelmaß und mehr Unterpunkte als je zuvor. Ein flüchtiger Blick auf die Korrekturen, ein schnelles Überfliegen des Lehrerkommentars und der wie immer präzisen Hinweise zur Verbesserung – und schon waren alle Hefte in den Schultaschen verschwunden. Von Ehrgeiz keine Spur!

Haben Sie's gewusst?

Wie kann das sein, wo doch in wenigen Wochen das Abitur droht, bei dem wir alle gut abschneiden wollen, ja müssen, um den Studienplatz unser Wahl oder die gewünschte Ausbildungsstelle zu ergattern? Haben die Anforderungen der Leistungsgesellschaft, in der wir leben, denn gar keine Wirkung auf unser Lernverhalten? Nehmen wir es cool in Kauf, unsere Eltern und Lehrer zu enttäuschen, indem wir uns mit mittelmäßigen bis schlechten Leistungen zufriedengeben?

Fehlt Schülern der Ehrgeiz?

Mitnichten. Aber unser Ehrgeiz bezieht sich auf andere Gebiete als den Deutschaufsatz – zumindest gilt dies für die meisten von uns, wenn man die notorischen Literatur-Freaks einmal ausblendet. Beispiel: Für den Führerschein büffeln wir wie die Wilden, im Judo-club trainieren wir beharrlich, um endlich den schwarzen Gürtel zu erlangen; wir lassen keine Gelegenheit aus, unser geliebtes Instrument, sei es nun Saxophon, Schlagzeug oder E-Gitarre, zu üben; wir sitzen mit Ausdauer am PC und setzen alles dran, um bei einem Spiel ein Level weiterzukommen. Der Vorwurf, wir seien verwöhnte Wohlstandskids, die sich nicht mehr anstrengen, trifft also nicht zu. Aber die Anstrengung muss sich lohnen!

Hauptteil

Beispiele für Ehrgeiz bei Jugendlichen

Pragmatismus, Zuversicht und Sinn für Tugenden – das attestiert uns die Shell Jugendstudie 2015. Also entscheiden wir ganz pragmatisch, in welchen Fächern und Gebieten das Üben etwas bringt und in welchen eher nicht. Denn „Fleißig und ehrgeizig sein" ist laut Shell-Studie für 82 Prozent der jungen Menschen zwischen 12 und 25 sehr wohl eine wichtige Wertorientierung, die nur von dem Item „Gutes Familienleben führen" (90 Prozent) über-troffen wird.

Bezug zu M 6

Ein gutes Familienleben führen – das scheint für die berühmt-berüchtigte „Tigermama" Amy Chua aus den USA kein erstrebenswertes Ziel zu sein. Zusammen mit ihrem Mann Jed Rubenfeld praktiziert die aus China stammende amerikanische Wissenschaftlerin „chi-nesische" Erziehungsmethoden, die sie in ihren viel diskutierten Büchern propagiert. Dazu gehört neben dem täglichen Drill und streng überwachten Lernprogrammen auch, Kinder bei Eis und Schnee auf die Terrasse zu sperren und ihnen anzudrohen, ihre Kuscheltiere zu verbrennen. In ihrem neuen Buch mit dem Titel „Alle Menschen sind gleich, Erfolgreiche nicht" wiederholt Amy Chua die durchaus umstrittenen Thesen, die bereits in ihrem Er-ziehungsratgeber „Tigermutter" zu lesen sind: Ehrgeiz, Disziplin und das Gefühl, anderen überlegen zu sein, sind für sie der Schlüssel zum Erfolg. Den Beweis liefern ihre beiden Töchter, die sie zu musikalischen Wunderkindern gemacht hat. Arme Kinder! Was ist die Kehrseite des Erfolgs? Stress? Burnout? Depression? Die weltweit höchste Suizidrate bei Kindern und Jugendlichen in Chuas Heimat China gibt jedenfalls zu denken.

Bezug zu M 4

Ehrgeiz – ein Schlüssel zum Erfolg?

Kann sich bei derartigem Drill auch Kreativität entwickeln? Lässt sich ein solch maßloser Ehrgeiz mit sozialem Engagement für Hilfsbedürftige vereinbaren? Ist es bei so viel Zielstre-bigkeit für das eigene Fortkommen möglich, auch Toleranz für andere Lebensstile zu zeigen? Zum Glück hat sich der chinesisch-amerikanische Traum der Amy Chua in Deutschland noch nicht durchgesetzt, denn die gerade genannten drei Werteorientierungen – „Phantasie und Kreativität entwickeln", „sozial Benachteiligten helfen" und „Meinungen tolerieren, denen man nicht zustimmt" – sind bei den Jugendlichen laut Shell-Studie weit verbreitet – neben Fleiß und Ehrgeiz!

selbstsüchtiger Ehrgeiz – soziales Engagement

Bezug zu M 6

Ehrgeiz oder Faulheit, Anstrengungsbereitschaft oder Bequemlichkeit, Disziplin oder Lais-sez-faire – das scheinen mir falsche Alternativen, vor allem wenn der Fleiß letztendlich nur zu mehr Geld und gesteigertem Konsum führen soll. Denn genau das streben Chua und Rubenfeld an, wenn sie ihre Kinder zu Höchstleistungen anhalten.

Bezug zu M 5 Höchstleistung ist auch im Sport ein Thema, und jeder weiß, dass Ehrgeiz, Fleiß und Trainingseifer sich hier oft auszahlen, ja bisweilen sogar mit Höchstverdienst belohnt werden. Man denke nur an Spitzensportler wie den Golfspieler Tiger Woods, den Fußballer Christiano Ronaldo, das Tennis-As Roger Federer, die Millionen verdienen.

Ehrgeiz im Sport führt zu Höchstleistungen Doch auch in finanziell weniger lukrativen Sportarten spornt der Ehrgeiz Menschen zu außergewöhnlichen Leistungen an. So berichtet der Extremsportler Stefan Schlegel im Magazin FOCUS von seinen Erfahrungen im Race Across America. Die Tour de France erscheint fast wie ein gemütlicher Ausflug im Vergleich zu diesem härtesten Radwettkampf der Welt: Eine um 38 Prozent längere Strecke, 30 000 Höhenmeter, Temperaturen zwischen null und 50 Grad, täglich 21 bis 22 Stunden im Sattel müssen die Teilnehmer bewältigen. „Ich habe nicht nur mit einem inneren Schweinehund, sondern mit inneren Dämonen gekämpft und den Kampf gewonnen", berichtet Schlegel. Seine Botschaft: Die Menschen sollen verstehen, „dass man alles im Leben erreichen kann, wenn man es nur will".

… und oft zu Gesundheitsschäden Als Chef seiner eigenen Personal-Training-Firma hat Schlegel eine andere Message, wenn er warnt: „Jegliche Form des Leistungssports schadet irgendwann dem Körper." Das sehen auch Ärzte und Psychologen so. Deshalb raten sie Freizeitsportlern dazu, erst einmal ohne *realistische Selbsteinschätzung als Basis gesunden Ehrgeizes* Ehrgeiz loszulegen, um sich Frustration zu ersparen. Zudem empfehlen sie sportlichen Neulingen, sich einem Verein oder einer Gruppe anzuschließen, damit sie unter Anleitung lernen, die eigene Belastbarkeit realistisch einzuschätzen.

Bezug zu M 1 Diese Erkenntnis drückt die österreichische Künstlerin und Denkerin Lisz Hirn – nomen est omen – in einem philosophischen Bonmot aus: „Mit Ehrgeiz verhält es sich wie folgt: Die Dosis macht das Gift." Wer aber bestimmt, welche Dosis die richtige ist? Einen Beipackzettel mit präzisen Mengenangaben für die richtige Portion Ehrgeiz sucht man vergeblich, die ultimative Rezeptur für ein Kombinationspräparat aus Ehrgeiz, Gelassenheit, Gleichmut, Entschleunigung findet man nicht einmal bei Wikipedia.

Bezug zu M 3 Dass es so etwas wie ein Normalmaß an Ehrgeiz gibt, zumindest im Berufsleben, davon ist der ZEIT-Kolumnist Harald Martenstein überzeugt. Jeder träume doch insgeheim davon, irgendwann in seiner Sparte den Topjob zu bekommen, etwa als Fußballspieler in der Nationalmannschaft oder als Chefkoch eines Drei-Sterne-Restaurants – wohl wissend, dass dies *Ehrgeiz – ein Tabu* meistens nur ein Traum bleibt. Das Problem ist: Niemand steht zu diesem Ehrgeiz, denn „Ehrgeiz ist eines der letzten Tabus".

Wie wahr! Wer möchte schon als geizig, gar gierig gelten? Und wer gibt offen zu, dass „Ehre, oft verbunden mit dem Streben nach Macht und Ruhm" (Wikipedia) für ihn eine treibende Kraft ist? Musterschüler, Streber, Ehrgeizling, Ambitionist, Eiferer, Karrierist – die Liste der Abwertungen ließe sich fortsetzen. Doch Martenstein will den ganz „normalen" Ehrgeiz rehabilitieren: „Wenn Menschen nicht ehrgeizig wären, würden wir immer noch auf den Bäumen hocken und uns gegenseitig total relaxed lausen, so sieht nämlich die Wahrheit aus." Hier trifft sich die satirische Causerie Martensteins mit einem humoristischen Ge- *Bezug zu M 1* dicht des Komikers Heinz Erhardt, der schon in der Zeit des deutschen Wirtschaftswunders schrieb:

Haben Sie's gewusst?

„Die Arbeit ist oft unbequem,
die Faulheit ist es nicht, trotzdem:
der kleinste Ehrgeiz, hat man ihn,
ist stets der Faulheit vorzuziehn.“

Aus Angst vor der Faulheit und ihren Konsequenzen findet Harald Martenstein die Fastenaktion der evangelischen Kirche „Sieben Wochen ohne falschen Ehrgeiz“ problematisch.
Denn es bleibt offen, wie man falschen von richtigem Ehrgeiz unterscheiden kann.

Ich behaupte: Von den beiden Ehrgeiz-Zwillingen, dem falschen und dem richtigen Ehrgeiz, hat jeder zumindest eine ungefähre Vorstellung. Lassen wir die beiden Gestalt annehmen und ein Streitgespräch führen:

Gibt es „normalen
Ehrgeiz?“

> Falscher Ehrgeiz (F. E.): Was berechtigt dich denn dazu, dich als „richtigen“ Ehrgeiz auszu-
> geben?
>
> Richtiger Ehrgeiz (R. E.): Eine interessante Frage! „Richtig“ ist tatsächlich nicht ganz zutref-
> fend. Ich bevorzuge einen anderen Namen: gesunder Ehrgeiz.
>
> F. E: Und mir schiebst du mal wieder die Rolle des Ungesunden zu. Das ist ja unerhört!
>
> R. E: Oh nein, man hört so allerhand über dich: Du seist krankhaft, verbissen, blind.
>
> F. E.: Wie bitte?
>
> R. E.: Schau dir doch dein Leben an! Wenn du weiter so schuftest und immer nur an den
> nächsten Karriereschritt denkst, wirst du mit an Sicherheit grenzender Wahrscheinlich-
> keit krank. Burnout nennt man das in deinem Fall. Du bist so verbissen in deine berufli-
> chen Pläne, dass du deine Mitmenschen nur noch als Konkurrenten sehen kannst. Echte
> Freunde hast du deshalb schon lange keine mehr. Und für die schönen Seiten des Lebens
> bist du mit der Zeit völlig blind geworden. Wann hast du das letzte Mal die Seele baumeln
> lassen? Ich mach mir echt Sorgen um dich.
>
> F. E.: Jetzt werde doch nicht dramatisch! Bleib bei der Sache!
>
> R. E.: Genau, das wäre die Lösung! Bei der Sache bleiben und sich für die Sache anstrengen;
> die eigenen Möglichkeiten ausschöpfen und weiterentwickeln, ohne sich permanent mit
> den anderen zu vergleichen und sie in den Schatten zu stellen. Anerkennung und Erfolg
> genießen, statt sich gleich nach der nächsthöheren Sprosse der Karriereleiter zu strecken.
>
> F. E.: Und wie soll das gehen?

Ja, das ist die große Frage! Vielleicht haben wir Abiturienten die richtige Antwort schon
gefunden. Natürlich wollen wir alle mit unserer persönlichen Höchstleistung in die Zielge-
rade einlaufen. Dafür setzen wir nicht nur eine gehörige Portion Ehrgeiz ein, sondern auch
viel Gemeinschaftssinn und Hilfsbereitschaft. Kooperation statt Konkurrenz heißt unser
Motto für die „Sieben Wochen ohne falschen Ehrgeiz“ bis zum Abitur.

Schluss

eigene Situation
(s. Anfang) und Position

Übungsaufgabe *Reisen*

23 Zum Beispiel:

- Tourismus – Massen-/Individualtourismus;
- weg von zu Hause, von der Heimat, vom Gewohnten;
- Neues kennenlernen: Länder, Städte, Menschen, Kulturen usw. → Erweiterung des eigenen Horizonts!
- Abenteuer, Expedition, Forschung und Erforschung;
- Verkehrsmittel;
- Umweltgefährdung durch Reiseindustrie;
- Reisen früher: beschwerlich, gefährlich, ohne Komfort;
- Wanderung, Fahrt, Urlaub, Trip;
- „Wenn einer eine Reise tut, dann kann er was erzählen"
- „Wem Gott will rechte Gunst erweisen, den schickt er in die weite Welt."

24 Individuelle Lösungen

25
- Gesellschaft: Globalisierung in der modernen Welt macht Reisen überallhin möglich
- Wirtschaft: Reiseindustrie = wichtiger Wirtschaftsfaktor (nicht nur) in Deutschland
- Reisen → Arbeitsplätze; Reisegebiete sind oft abhängig von Reiseindustrie, Form von neuem Kolonialismus?
- Politik: Reisen und das Kennenlernen fremder Länder und Kulturen – Beitrag zum Frieden?
- Migration – eine Sonderform des Reisens
- Ökologie: Umweltzerstörung durch Tourismus, aber auch Erhaltung von Natur und Kultur für den Tourismus (z. B. Nationalparks, Kulturdenkmäler)
- Religion: Andere Länder – andere Sitten; wer reist, sollte sich anpassen (z. B. Kleiderordnung in muslimischen Ländern respektieren); Reisen aus religiösen Motiven (Pilgern)
- Sprache: Englisch als Weltsprache ist fast überall Verkehrssprache; Reisende sollten einen Mindestwortschatz in der Sprache des Reiselandes lernen
- Medien: Fremde Länder kann man auch ohne eigene Reiseerfahrungen kennenlernen (Film, Fernsehen, Presse), aber genügt das?

26 In einem Essay wird versucht, ein grundsätzliches Problem von vielen Seiten zu beleuchten. Er ist, bildlich gesprochen, als „Gedankenspaziergang" angelegt und enthält sowohl informierende als auch argumentierende Elemente.

Im Unterschied zur Erörterung, die sich um Objektivität bemüht, ist der Essay aus einer subjektiven Perspektive geschrieben, die er reflektiert.

Der Essay will die Leserinnen und Leser vielfältig anregen – zu Gefühlen, Gedanken, Zustimmung, Widerspruch.

Er ist ergebnisoffen, d. h. er bietet keine (endgültige) Lösung des Problems an.

Haben Sie's gewusst?

Der Essay ist auch formal **vielfältig**. Er kann als als literarischer, philosophischer, wissenschaftlicher Essay auftreten.

Ein guter Essay ist sprachlich **anspruchsvoll** und **abwechslungsreich** gestaltet.

27
- argumentieren: Argumente für und gegen eine These formulieren
- informieren: Sachverhalte, Zusammenhänge, Tatsachen, Daten und Fakten sachlich darstellen
- schildern: Erfahrungen (eigene, fremde) aus subjektiver Sicht beschreiben
- erzählen / berichten: vergangene Erlebnisse erzählerisch darstellen
- kritisch Stellung nehmen: begründete Kritik üben an einem Standpunkt, einer gesellschaftlichen Tendenz u. a.

28
a Z. B. v. a. Schüler und junge Leute, die gerne reisen

b Bewusstsein für Vielfältigkeit des Themas, Chancen und Risiken schaffen

c Ich will meinen Text so schreiben, dass …
- meine Leser über das Thema „Reisen" umfassend informiert werden;
- die Problematik des Reisens aus unterschiedlichen Blickwinkeln deutlich wird;
- meine Leser über sich und andere nachdenken, sich im Hinblick auf das Thema positionieren, eigene Verhaltensweisen überprüfen und ggf. ändern;
- meine Leser durch Witz und Ironie unterhalten werden;
- meine eigene Position deutlich wird.

29

30

Material	Textsorte/ Materialart	Quelle	Aussageabsicht
M 1	Definition	Sachbuch	Information
M 2	Essay (Ausschnitt)	Spiegel online	gedankliche Auseinandersetzung
M 3	Leserartikel	ZEIT online	persönliche Stellungnahme

Material	Textsorte/ Materialart	Quelle	Aussageabsicht
M 4	Zeitungsartikel	Stuttgarter Nachrichten	Denkanstoß
M 5	Karikatur	F. Woessner	Kritik
M 6	Statistik	Forschungsgemeinschaft Urlaub und Reisen	Information, Wissensvermittlung
M 7	Gedicht	Werkausgabe Benns	künstlerisch-sprachliche Auseinandersetzung

31

Abstract zu Material 1
Karin Hlavin-Schulze: „Man reist ja nicht, um anzukommen"
Der Text führt die Wörter „Fahrt", „reisen" und „Erfahrung" auf ihre jeweiligen sprachlichen Wurzeln zurück und erläutert ihre ursprünglichen Bedeutungen. Dabei ergeben sich Verwandtschaften und Bezüge zwischen den Wörtern bzw. ihren Entsprechungen in anderen europäischen Sprachen. So existieren Beziehungen zwischen dem Reisen und der Erfahrung und schwingen beim Reisen die Konnotationen Mühe und Gefahr mit.

Abstract zu Material 2
Ilija Trojanow: Setzt euch der Fremde aus (Spiegel Online)
Der Essay beleuchtet die spirituelle Seite von Reisen, die bei Wandermönchen oder Pilgern auch die Funktion der Erleuchtung und Läuterung haben. Davon ausgehend definiert der Autor als Ideal des Reisens die Veränderung des Reisenden. Einen Tourismus, der alle Herausforderungen vermeidet und nur Komfort bietet, lehnt er daher ab. Nachdrücklich plädiert Ilija Trojanow für eine entschleunigte Fortbewegung, am besten zu Fuß, um so die Fremde intensiver wahrzunehmen und kennenzulernen.

Abstract zu Material 3
Friedemann Knoblich: Reisen müssen anstrengen (Zeit, 6. 8. 2012)
Der Verfasser attackiert Touristen, die gleichsam in einer Blase reisen, indem sie alle heimischen Gewohnheiten und Umstände auch am Urlaubsort beibehalten wollen. Stattdessen müsse wahres Reisen anstrengen, Grenzen überschreiten und den Reisenden direkt mit der Natur oder einer fremden Kultur konfrontieren.

Abstract zu Material 4
Stefanie Järkel: Tschüss, Facebook (Stuttgarter Nachrichten, 31. 1. 2014)
Stefanie Järkel beschreibt die Gefahr, dass Reisen aufgrund der umfassenden medialen Vernetzung nicht mehr als Freiheit und Abenteuer wahrgenommen werden. Wer ständig seine Erlebnisse übers Netz mit anderen teile und sich über die Geschehnisse im Familien- und Freundeskreis informiere, könne gedanklich keinen Abstand gewinnen und sei nicht frei für neue Eindrücke. Erst wenn man während der Reise die sozialen Netzwerke ruhen lasse, habe man die Chance, sich neu zu orientieren, sich für fremde Perspektiven zu öffnen und bei der Rückkehr Alltag und Umfeld in neuem Licht zu sehen.

Abstract zu Material 5: Karikatur

Die Karikatur zeigt einen Bergführer, der vor alpiner Kulisse einer Schlange von Wanderern vorausgeht. In einer Sprechblase wird ihm ein Statement in den Mund gelegt, das den Ansturm der Touristen in einer ehemals eher individualistischen Sportart ironisch kommentiert: Wenn der Berg dauernd rufe, sei es nicht verwunderlich, dass die Wanderer kämen. Die Botschaft von Bild und Text kann der Leser als Kritik am Trend zu Outdoor-Sportarten interpretieren: Wenn die Liebe zur Natur zum Massenphänomen wird, gefährdet sie das ökologische Gleichgewicht sensibler Biosphären wie z. B. der Alpen.

Abstract zu Material 6: Reiseanalyse 2015 (Statistik)

Die Statistik listet für das Jahr 2014 über 70 Million Urlaubsreisen der Deutschen auf, von denen fast 70 % ins Ausland gingen. Unter den zehn beliebtesten Zielen rangieren Spanien, Italien und die Türkei auf den ersten Plätzen, während die meisten Inlandsreisen nach Mecklenburg-Vorpommern und Bayern gingen.

Abstract zu Material 7
Gottfried Benn: Reisen

Benns Gedicht entlarvt den Glauben, auf Reisen einen neuen Lebenssinn zu finden, als Illusion. Das ständige Unterwegssein erscheint als Flucht vor der Leere, die einen aber auch in der Fremde wieder einholt. Stattdessen solle man innehalten und sich auf sich selbst konzentrieren. So lerne man sich wirklich kennen und festige seine Identität.

32

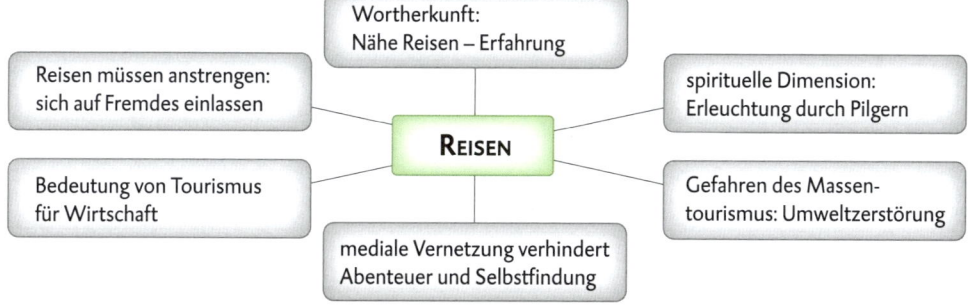

33 Individuelle Lösungen

34
- zu 1: Am Ende Reiselust, Fernweh
- zu 2: Reisezeit ist nicht für jeden gleich Ferienzeit
- zu 3: „Warum in die Ferne schweifen, sieh, das Gute liegt so nah."
- zu 4: Reisen heute = demokratischer
- zu 5: Verweis auf neueste Statistik
- zu 6: Anfangsfrage an Leser stellen
- zu 7: Reiz des Daheimbleibens
- zu 8: Kritik an Reise-Industrie

35 Individuelle Lösungen

36

Abstracts als Informationsgrundlage

- Wortherkunft verweist auf Abenteuer, Mühen
- Religiöse Reisen sollen den Menschen läutern, erleuchten
- Kritik an Reisen, die nur Komfort und Altbekanntes bieten
- Reisen soll Konfrontation mit Fremdem (Kultur, Natur, Menschen) bringen
- Soziale Netzwerke erschweren völligen Ausstieg aus Alltag
- Massentourismus bedeutet Stress, zerstört Umwelt
- Reisen soll keine Flucht vor sich selbst sein

Eigenes Wissen ergänzen

- Tourismusindustrie ermöglicht Urlaub für quasi jedermann
- Reisen war früher viel stärker Grenzüberschreitung (Expeditionen)
- Ökologischer Fußabdruck wächst durch Fernreisen
- Massentourismus Chance und Risiko zugleich: schafft Arbeitsplätze, aber zerstört natürliche Strukturen

REISEN

Erwartungen der Leserschaft berücksichtigen

- Unterhaltung
- Information
- Impulse zum Nachdenken
- Bekanntes aus anderer Perspektive sehen

Stilistische Anforderungen der Textsorte beachten

- „Gedankenspaziergang"
- Berücksichtigung unterschiedlicher Perspektiven
- abwechslungs- und geistreicher Stil
- interessanter Einstieg und Schluss, der zum Weiterdenken auffordert

37 Beispiellösung

Strukturelement des Aufsatzes	Inhaltlicher Aufbau	Bezug zum Dossier (M 1, M 2 …)	sprachliche Gestaltung (z. B. informativ, argumentativ, appellativ)
Einleitung	- aktuelle Situation: Reisen heute - Fragestellung: Warum reisen wir?		- provokativ - rhetorische Frage
Hauptteil	- Etymologie des Begriffs „Reisen"; Bezug zu Geschichte (Beispiele)	M 1	informativ
	- dank Neuer Medien ständige Verbindung zur Heimat; kein Abenteuer mehr	M 4	informativ, appellativ (rhetorische Frage; Zitat)

Haben Sie's gewusst?

Strukturelement des Aufsatzes	Inhaltlicher Aufbau	Bezug zum Dossier (M 1, M 2 …)	sprachliche Gestaltung (z. B. informativ, argumentativ, appellativ)
	■ eigene Stellungnahme (Verteidigung der medialen Vernetzung)		expressiv
	■ Möglichkeiten für Abiturienten zu reisen (Beispiele): Bedeutung für Persönlichkeitsentwicklung		informativ, argumentativ
	■ Urlaubsreisen	M 6	informativ
	■ Kritik an Tourismus, der keine Konfrontation mit Fremdem zulässt	M 2, M 3	argumentativ, Impuls zum Nachdenken
	■ allein, langsam reisen = Weg zur Selbstfindung	M 2	appellativ
Schluss	Aufruf, zu Hause zu bleiben, sich dort selbst zu finden	M 7	appellativ

38

1	2	3	4	5	6	7
B	A	D	B	G	C	E

39

Wenn einer eine Reise tut …

Nichts wie weg! Mit *www.weg.de, travelzoo, check 24* und anderen Reiseportalen im Internet wird dieser Wunsch ganz schnell Wirklichkeit. „In 80 Tagen um die Welt" ist von gestern! Ob Abenteuer-, Auslands-, All-inclusive-Reise … – ein ganzer Industriezweig mit unzähligen Verästelungen sorgt dafür, dass der moderne Mensch jederzeit eine „weitere und längere Fahrt vom Heimatort weg" – so der Duden-Eintrag für „Reise" – unternehmen kann. Die ursprüngliche „Fahrt" wird immer öfter zum Langstreckenflug in fremde Länder und Kontinente, gar ins Weltall, frei nach dem Motto „Ich bin dann mal weg!". *Einstieg*

Wozu reisen wir? Was drängt uns dazu, die Heimat für eine gewisse Zeit zu verlassen? Warum begeben wir uns auf eine Expedition ins Ungewisse? *Hauptteil*

Ein Blick in die Sprachgeschichte zeigt, dass der Begriff Reisen (ahd. *risan*, mhd. *risen*) eng mit dem der Erfahrung (englisch: *experience*) verbunden ist. Reisen hat etwas mit Aufbruch, Gefahr und Prüfung zu tun. So brachen im Mittelalter die Kreuzritter zum Krieg ins Heilige Land auf, fahrendes Volk zog in unsicheren Gebieten umher, Pilger begaben sich auf Wallfahrt zu den heiligen Stätten ihrer Religion – ohne die Gewissheit der Rückkehr. Wer die Welt durchfuhr und ferne Ziele erreichte, gewann an Erfahrung, wurde zum „Mann von Welt", der seine Erlebnisse in geselliger Runde oder in Form von Reiseberichten weitergab. Berühmte Reisende wie Marco Polo, Alexander von Humboldt oder Sven Hedin haben ihre Abenteuer in spannenden Lesestoff verwandelt und der Nachwelt überliefert. *Bezug zu M 1* *Begriffsgeschichte „Reisen"* *Reisen = Erfahrung*

Haben Sie's gewusst? →

Bezug zu M 4

Reisen im digitalen Zeitalter: Wegsein geht (fast) nicht mehr

Wer heute „eine Reise tut", der hat nicht erst nach der Rückkehr „etwas zu erzählen", er – oder sie, denn Reisen ist längst nicht mehr Männersache! – lässt die Daheimgebliebenen in Echtzeit an allem teilhaben, was ihm widerfährt. Dank *Facebook, Twitter, WhatsApp* ist die Welt auf die Größe eines Smartphone-Displays zusammengeschrumpft. Die Aura des Geheimnisvollen hat das Reisen längst eingebüßt.

Was bleibt da noch übrig vom ursprünglichen Sinn des Reisens? Was bedeutet ein „Aufbruch", der nicht mit Gewohnheiten bricht? Kann man sich neu erfahren, wenn man jede Erfahrung unverzüglich mit den alten Freunden teilt? Solche Fragen stellt auch Stefanie Järkel in den Stuttgarter Nachrichten – und liefert die Antwort gleich mit dazu: „[…] wer das Zuhause nicht hinter sich lässt, wenn er weggeht, der wird auch nicht in der Ferne ankommen", da helfe nur, die „Reise samt Ausstieg aus dem Netz planen" und „Tschüss, Facebook" zu rufen.

Das klingt plausibel. Für meine Generation ist es aber gar nicht so einfach zu realisieren. Denn für uns *digital natives* liegt der Reiz des Reisens gerade darin, stets zeitnah Auskunft zu geben über das, was uns widerfährt – und im Gegenzug zu erfahren, was unsere Freunde, Bekannten, Eltern, Verwandten gerade tun oder lassen, egal, ob sie zu Hause sind oder ebenfalls durch die Welt vagabundieren. Fotos und Filme posten, einen Reiseblog schreiben, ab und an mit Freund oder Freundin, Mama oder Papa skypen – all dies kann auch die Möglichkeiten erweitern, die Fremde zu verarbeiten und neue Sichtweisen zu entwickeln. So sehen wir das.

(Längere) Reisen als Teil der Biografie

Ein Beispiel: Das „Gap Year", ein Jahr Pause zwischen Schule und Studium oder Ausbildung, liegt bei Abiturientinnen und Abiturienten voll im Trend. Die Angebote sind vielfältig und man muss ernsthaft überlegen: Soll ich mit „Work and Travel" Neuseeland erkunden oder doch lieber als Au-pair nach Paris gehen? Ist ein Freiwilliges ökologisches Jahr im Nationalpark Schwarzwald das Richtige für mich oder passt eher ein Volunteering-Programm bei der Unesco? Spendiert mir die Oma eine Sprachreise in die USA oder kratze ich mein Erspartes zusammen und versuche mich auf eigene Faust in Ländern durchzuschlagen, wo man mit wenig Geld auskommt? Trotz digitaler Kommunikationsmedien und der Möglichkeit, jederzeit die Rückreise anzutreten, ist ein solcher Aufbruch durchaus abenteuerlich, herausfordernd und geheimnisvoll. Tag für Tag eine fremde Sprache hören und sprechen, körperlich hart arbeiten, sich in ein fremdartiges Familiensystem integrieren, freiwillig Verpflichtungen eingehen und durchhalten, faszinierende Kulturen in Dritte-Welt-Ländern kennenlernen und die Armut der einheimischen Bevölkerung aushalten – für 18-Jährige aus einer Wohlstandsgesellschaft sind das anspruchsvolle Entwicklungsaufgaben. Auch wenn wir nicht als „Mann (oder Frau) von Welt" zurückkommen, hat sich doch bei den meisten das Weltbild verändert.

auch heute noch: Reisen ist abenteuerlich

Bezug zu M 6

Reisen als Auszeit, als Pause im (Berufs-) Leben: Urlaub und Ferien in der Komfortzone

Beim Thema Reisen denken die meisten Menschen jedoch nicht an ein Gap Year, sondern an die Pause im Arbeitsleben, die allen Berufstätigen in Deutschland gesetzlich zusteht, den Urlaub. 70 Millionen Urlaubsreisen verzeichnet die Statistik für das Jahr 2014, 70 % davon ins Ausland. Destinationen rund ums Mittelmeer sind die Favoriten, allen voran Spanien und Italien, Fernreisen schlagen mit mehr als 7 % zu Buche.

Bezug zu M 2, M 3

Aber seien wir ehrlich: Die Ferne ist in unserer globalisierten Welt oft nicht mehr wirklich weit weg. Und die moderne Reiseindustrie tut ihr Möglichstes, damit alles nach Plan und

Haben Sie's gewusst?

ohne Überraschungen verläuft. Statt Aufbruch ins Unbekannte wird Urlaub im Altvertrauten angeboten – vor ständig wechselnden Kulissen: Malta oder Mallorca, Venezuela oder Vietnam, Thailand oder Tunesien – die Ziele sind im Grunde fast austauschbar. Ob Kreuzfahrt durch die Karibik oder Heli-Skiing in den Rocky Mountains – der moderne Tourist ist selten bereit, seine Komfortzone zu verlassen und sich der Fremde auszusetzen. Ganz im Gegenteil: Wer es sich leisten kann, gibt viel Geld aus, um auch am anderen Ende der Welt die Konfrontation mit dem Unerwarteten zu vermeiden. Dass wir uns unvoreingenommen von der Fremde befremden lassen, verhindern wir selbst. Das beginnt mit den Reisevorbereitungen: Wir fahren Jahr für Jahr mit denselben Bekannten, wir packen die Koffer voll mit Klamotten für jede Gelegenheit, wir schleppen die perfekte Ausrüstung für alle Wetterlagen mit, wir decken uns ein mit Reiseführern, Freizeitkarten und Hotelinformationen aller Art … Und wenn bei der Ankunft im 5-Sterne-Hotel nicht alles so ist wie versprochen, erheben wir Regressansprüche und verlangen unser Geld zurück.

„Reise allein, reise ohne Gepäck und reise langsam." Diese Maximen gibt der Bestseller-Autor Ilija Trojanow Reisenden mit auf den Weg und plädiert damit für ein Kontrastprogramm zum üblichen Massentourismus. Nur mit leichtem Gepäck, im wörtlichen und übertragenen Sinn, sei es möglich, auch Sorgen, Vorurteile und Erwartungen daheim zu lassen und „vom Ich zum Selbst" zu kommen. Wer auch noch seinem Rat folgt und zu Fuß reist, der kommt zwar nicht weit herum, nimmt aber intensiver wahr, was um ihn herum und in ihm drinnen geschieht. *Kontrastprogramme zum Massentourismus*

Ich und Selbst – in der Psychologie bezeichnen diese Begriffe das Ego und das Bewusstsein vom Ego. Reisen in diesem Sinne, so meint nicht nur Trojanow, führt uns an die Grenzen unseres Ich und sorgt dafür, dass wir das alte Ich neu sehen lernen und uns verändern. Das Kennenlernen der Welt führt dann zu Selbsterkenntnis. Bildungsreisen, die den Horizont erweitern, Forschungsreisen, die das Weltbild verändern, Pilgerreisen, die zum rechten Lebenswandel führen, waren und sind aber nicht zum Preis eines Pauschalurlaubs bei Alltours zu haben. Man braucht dafür Mut, Neugier und Ausdauer. *Voraussetzungen für echte Reiseerfahrungen*

Nichts wie weg? Und was wäre, wenn man auf unserem ökologisch gefährdeten Planeten den Mut hätte, einfach mal zu Hause zu bleiben und die vertraute Umgebung mit fremdem Blick neugierig wahrzunehmen? Ich persönlich glaube, dass gerade heute die Wege zur Selbst- und Welterkenntnis nicht immer als Reiseroute in fremde Länder angelegt sind. Sich selbst nimmt der Reisende ja doch stets mit, ob er nun Abenteuer oder Erholung, Selbst- oder Gotteserfahrung sucht. *Schluss*

Der Dichter Gottfried Benn hat dies schon in den 50er-Jahren des 20. Jahrhunderts erkannt: *Bezug zu M 7*
> *„ach, vergeblich das Fahren!*
> *Spät erst erfahren Sie sich:*
> *bleiben und stille bewahren*
> *das sich umgrenzende Ich."*

Test 1 – Prüfungsaufgabe *Lesen*

Abstract zu Material 1: Bilder von Quint Buchholz

Zeichnung 1: Ein überdimensionales Buch ist auf einer Doppelseite mit Bild aufgeschlagen, das eine Leiter zeigt. Auf dieser klettert ein Mann empor und blickt über den Rand des Buches hinaus in die Weite.

Zeichnung 2: Ein Mann steht auf einem aufgeschlagenen Buch und schwebt damit über Häuserdächer davon.

Beide Bilder veranschaulichen die Macht des Lesens, das es uns erlaubt, unseren Horizont zu erweitern, neue Perspektiven einzunehmen und uns in unserer Fantasie über die Realität zu erheben.

Abstract zu Material 2:
Iris Radisch: Seele sucht Seele (Die Zeit, 20. 11. 2008)
Ihre Rezension zu Stephenie Meyers Jugendroman „Seelen" bettet die Literaturkritikerin Iris Radisch in grundsätzliche Überlegungen über den Unterschied zwischen den Lektürevorlieben Jugendlicher und den Erwartungen von Eltern und Pädagogen ein. Im Selbstversuch liest sie parallel zu ihrer Tochter einen Roman von Stephenie Meyer und ist überrascht über die Qualität des Buchs, das im Rahmen einer Liebesgeschichte auch identitätsphilosophische Fragen durchspiele. Statt einer simplen Schwarzweiß-Zeichnung gestalte die Autorin ihre Figuren zerrissen und zweifelnd. Aus Radischs lobenden Worten lässt sich der Schluss ziehen, dass neben den literaturpädagogisch wertvollen Werken auch Jugendbücher ihre Daseinsberechtigung haben.

Abstract zu Material 3:
Ulrich Greiner: Über die Lust und das Laster des Lesens
(Auszug aus seinem „Leseverführer")
Greiner sucht nach einer Antwort auf die schwierige Frage, warum wir Romane lesen. Gängige Erklärungen, dass die Lektüre der Unterhaltung oder Bildung diene, lehnt er ab, da man diese Funktionen auch mit anderen Tätigkeiten oder Büchern erfüllen könne. Seiner Meinung nach ist Eskapismus das Motiv, Romane zu lesen. Sie ermöglichten es uns, vor den Zwängen des Alltags ins Reich der Fantasie zu entfliehen. Als Bestätigung für seine These zitiert er ein Gedicht von Hans Magnus Enzensberger, in dem dieser die Geschichte vom „Fliegenden Robert" aus dem „Struwwelpeter" umdeutet. Robert, der mit seinem Regenschirm vom Sturm davongetragen wird, erscheint nun als mutiges Vorbild dafür, die Realität hinter sich zu lassen und sich seinen Tagträumen zu öffnen. Die Flucht über das Medium des Romans wird so von Greiner aufgewertet.

Abstract zu Material 4:
Lucia Licher: Von einer die auszog
Lucia Licher nennt als zentrales Motiv für die Lektüre von Büchern unser Bedürfnis, in Texten Erfahrungen wiederzufinden, die wir selbst schon erlebt haben, aber auch andere Perspektiven zu entdecken und so das eigene Dasein in einem neuen Licht zu sehen. So bestehe die Möglichkeit, dass Literatur Lebenshilfe leiste. Sie könne uns kognitiv bilden, indem sie Informationen über andere Zeiten oder Kulturen vermittelt, sie habe aber auch das Potenzial, uns emotional zu bewegen und uns zu trösten. Zudem verdeutliche Literatur die Gren-

zen und Chancen der Sprache, die einerseits als kommunikatives Medium die Menschen verbinde, aber andererseits die Wirklichkeit nicht objektiv und vollständig erfassen könne.

Abstract zu Material 5:
Alo Allkemper / Norbert Otto Eke: Literatur und Kanon

Im Kanon schlügen sich die literarischen Wertvorstellungen des Literaturbetriebs nieder und werde hohe, künstlerisch wertvolle von der niedrigen, trivialen Literatur abgegrenzt. Neben einem normativen Kanon, der Leseanweisungen formuliere, existiere ein empirischer Kanon, der die zu einer Zeit tatsächlich gelesenen Texte erfasse. Gerade dieser empirische Kanon erlaube Rückschlüsse auf die damalige Mentalität. Leseempfehlungen seien eine wichtige Hilfe, um sich einen Überblick über Literatur zu verschaffen, dürften aber nicht Werturteile für objektiv erklären. Stattdessen müssten sie immer die angelegten Maßstäbe und die eigene historische Bedingtheit thematisieren.

Abstract zu Material 6:
Daniel Pennac: Die 10 Rechte des Lesers

In seiner Auflistung gesteht Pennac dem Leser alle Freiheiten zu: Er dürfe lesen, was und wo er wolle, dürfe die Lektüre abbrechen oder auch gar nicht lesen.

Das Tor zur Fantasie – vom Mehrwert der Literatur

Achtung! Die Lektüre dieses Romans gefährdet akut Ihre Gesundheit! Sie können aufgrund intensiven Lesens faul und träge werden, Ihre täglichen Pflichten vernachlässigen und physisch wie sittlich verwahrlosen. Diese Warnung gilt ganz besonders für Frauen. — *Einstieg*

Eine solche Drohung klingt absurd? Und doch entspricht sie der Meinung, die um 1800 verbreitet war: Das Lesepublikum wuchs rasant, der Markt für literarische Texte explodierte, die Lesesucht in Form zügellosen Romankonsums verbreitete sich wie eine Epidemie und bedrohte die öffentliche Ordnung. So sahen zumindest kulturpessimistische Zeitgenossen die zunehmende Alphabetisierung der Bevölkerung. — *Hauptteil* / *Blick in die Geschichte des Lesens*

Unter den prominenten Opfern der Lesesucht sind zwei Figuren aus der Weltliteratur zu verzeichnen: zum einen Cervantes' Romanheld Don Quijote, ein kleiner Landadeliger, der durch die exzessive Lektüre von Ritterromanen so verblendet ist, dass er sich selbst für einen Ritter hält und darangeht, Abenteuer und Gefahren zu suchen, um sich zu bewähren und Ruhm zu erlangen. Sprichwörtlich geworden ist sein Kampf gegen Windmühlen, die er in seiner Verwirrung für Riesen hält. Zum anderen wird auch Gustave Flauberts Romanprotagonistin Madame Bovary durch einen übersteigerten Romangenuss – in ihrem Fall handelt es sich um Liebesromane – aus dem seelischen Gleichgewicht gebracht: Von ihrer tristen Existenz an der Seite eines Landarztes in der Provinz gelangweilt, will sie nun romanhafte Liebschaften erleben und ruiniert sich damit selbst. Zwei Warnungen vor Romanen? Kaum, schließlich werden sie selbst in Romanform erzählt. Wohl eher zwei Beispiele dafür, warum wir Literatur lesen. — *Bezug zu M 6* / *Opfer der Lesesucht als Romanhelden*

Für den Literaturkritiker Ulrich Greiner ist die Hauptfunktion des Lesens der Eskapismus, die Flucht aus dem Alltagsgefängnis, der Ausbruch in die Fantasie. Der Leser schüttelt beim Lesen all die drückenden Zwänge und Pflichten, das Einerlei seines Daseins zumindest kurzfristig ab und verabschiedet sich in eine fiktive Welt. Hans Magnus Enzensberger hat — *Bezug zu M 3* die Geschichte vom fliegenden Robert aus dem „Struwwelpeter" in einem Gedicht entsprechend umgedeutet: Der mit seinem Schirm während eines Sturms abhebende und davonfliegende Junge wird zum Vorbild für diejenigen, die mutig genug sind, die Grenzen der Realität durch ihre Fantasie zu überschreiten: „Eskapismus, ruft ihr mir zu, / vorwurfsvoll. / Was denn sonst, antworte ich, / bei diesem Sauwetter!" Das Buch als Fenster, als Tür in eine andere, aufregendere Welt.

Bücher als Fenster zu einer anderen Welt

Alle übrigen Verdienste, die man dem literarischen Lesen zuspreche, finde man, so Ulrich Greiner, auch bei anderen Medien: Zerstreuen könne man sich im Kino, über vergangene Zeiten informieren könne man sich in Geschichtsbüchern. Aber bietet der Roman nicht noch mehr als einen Notausgang aus dem Alltag? Lucia Licher erkennt weitere Pluspunkte. Ihr zufolge ist der Roman ein Hilfsmittel, um sich selbst, aber auch andere und die Welt besser zu verstehen. Indem der Leser darin Situationen wiederfindet, die er so ähnlich selbst schon erlebt hat, indem er sich in eine Figur hineinfühlt oder indem er eine andere Perspektive auf die Welt kennenlernt. Wen der Liebeskummer schon einmal hat leiden lassen, der weiß, warum Goethes Werther so verzweifelt. Wer schulischen Leistungsdruck erdulden musste, kann mit Hans Giebenrath aus Hermann Hesses Roman „Unterm Rad" mitleiden. Aber Literatur ist nicht nur Tröster und Experimentierfeld für zwischenmenschliche Konflikte. Sie ist auch Provokateur und Mahner. So wie Josef K. in Kafkas Roman „Der Proceß" mit einem undurchschaubaren, ohne erkennbare Logik und Regeln operierenden Gerichtssystem konfrontiert wird, so wird der Leser durch einen verstörenden, rätselhaften Text herausgefordert. Und Bernhard Schlinks „Vorleser" lässt sich als Lehrstück deuten, wie die Verstrickungen der Deutschen in die nationalsozialistische Verbrechensherrschaft die Gegenwart überschatten und eine vergangene Schuld nachwirkt.

Bezug zu M 4

Beispiele aus der Literatur (bekannte Schullektüren)

Aber lassen sich die geschilderten Erfahrungen nicht auch über Filme oder Sachbücher machen? Was ist der Mehrwert des Literaturlesens?

Mehrwert der Literatur

26 schwarze Zeichen in unterschiedlicher Variation auf weißem Hintergrund. Eine Buchseite wirkt physisch eher eindimensional und wenig spektakulär. Und doch erwachen diese Zeichen beim Lesen im Kopf des Rezipienten zum Leben. Die flache Papierseite oder das Display des E-Readers gewinnen eine unfassbare Tiefe und Mehrdimensionalität. Während Filme und Computerspiele die fiktiven Welten vors Auge des Zuschauers bzw. Spielers stellen und alles ausinszenieren, muss der Leser diese Aufgabe selbst erfüllen und das Geschilderte in seiner Imagination zum Leben erwecken. Dabei wird jeder Leser seine eigenen Bilder für das Geschehen finden und das Aussehen der Figuren gemäß seiner Fantasie konstruieren.

Lesen fordert und fördert die Kreativität, es kann „neue Horizonte und Perspektiven auf das Leben eröffnen" (Licher). Bezeichnenderweise zeigt ein Bild von Quint Buchholz, wie der Leser, ein in biederes Grau gewandeter, spießig wirkender Herr, in einem überdimensionalen Buch auf der Spitze einer Leiter steht und über den Buchrand hinaus in die Weite schaut. Aber eröffnen nur Goethe, Kafka & Co. solche Ausblicke? Ist es nicht egal, was man liest? Krimis oder Klassiker, historische oder Horrorromane, U- oder E-Literatur? Nein, sagen Schule, Universität und Feuilleton, die Literatur beurteilen und bewerten und Empfehlungen geben. So hat sich ein Kanon herausgebildet, der alles, was lesens- und überlieferswert ist, bewahren will. Allerdings ist dieser Kanon nicht in Stein gemeißelt – er ist ein Produkt seiner Zeit, abhängig von den jeweiligen zeitgenössischen Wert- und Geschmacksurtei-

Bezug zu M 4, M 1

Bezug zu M 5

literarischer Kanon

— Haben Sie's gewusst?

len, und damit auch dem Wandel unterworfen. Fragwürdig wird der Kanon immer dann, wenn er von Leuten instrumentalisiert wird, die sich zum Richter darüber aufschwingen, was man unbedingt lesen muss. Als drastisches Beispiel mag die Kulturpolitik im „Dritten Reich" dienen: auf der einen Seite die Propagierung literarischer Werke über Blut und Boden, Heimat und Krieg, auf der anderen Seite die Ächtung von Texten und Autoren, die der NS-Ideologie zuwiderliefen. Trotz dieses Negativbeispiels von Lektüre-Bevormundung hat der Kanon als Leseliste seine Berechtigung: Im unübersehbaren Ozean literarischer Werke dient er als Kompass, der dem Leser Orientierung gibt, als Seekarte, die künstlerische Meilensteine ausweist, als Radarschirm, auf dem die Tiefen und Strömungen der Kultur aufscheinen.

Die sogenannte hohe Literatur gewinnt ihren Bildungswert nicht nur durch ihre Themen, sondern auch durch die Sprache. Lucia Licher betont, dass diese Texte unseren Umgang mit Sprache verfeinern und uns anhalten, bewusster auf die Möglichkeiten und Grenzen des Mediums Sprache zu achten. Legt man diesen Maßstab an, muss die Unterhaltungsliteratur geradezu durchs Raster fallen, abgestempelt mit den Etiketten „trivial", „niedrig" oder gar „Trash". Sind Edward Cullen und Katniss Everdeen, Kurt Wallander und Comissario Brunetti nur literarische Schmuddelkinder? *Bezug zu M 4*

Maßstab für Literatur ist die Sprache

Die Zeit-Journalistin und Literaturkritikerin Iris Radisch erzählt die Geschichte ihrer Bekehrung: Voller Herablassung hatte sie die Begeisterung ihrer pubertierenden Tochter für die Vampirromane von Stephenie Meyer beobachtet, verzweifelt, dass ihre literaturpädagogischen Bemühungen, das Kind für Autoren des Kanons zu interessieren, gescheitert sind. Doch dann wagte sie den Selbstversuch und las parallel zu ihrer Tochter den neuesten Roman von Stephenie Meyer – und entdeckte darin ungeahnte Qualitäten. Die Lehre: Auch die U-Literatur hat ihre Daseinsberechtigung. Gerade Jugendliteratur trifft eher die Bedürfnisse und Interessen Jugendlicher, sie ist das Tor zum Lesen. *Bezug zu M 2*

Ganz egal, ob nun Rowling oder Meyer, ob Goethe oder Fontane – literarische Werke haben die Macht, unsere Fantasie zu aktivieren. Lesen sollte als Genuss verstanden werden, bietet es doch als selbstbestimmte Tätigkeit ganz spezielle Freiheiten. Daniel Pennac hat demzufolge die „10 Rechte des Lesers" formuliert: Der Leser darf die Lektüre unter- oder abbrechen, Seiten überblättern, lesen, was ihm gefällt und wo es ihm gefällt. Er ist der Herrscher in seinem eigenen Reich. *Bezug zu M 6*

Und was ist mit den Risiken und Nebenwirkungen? Kann der übermäßige Romankonsum, wie um 1800 befürchtet, die Gesundheit ruinieren? Tatsächlich gilt wohl nur eine Warnung: Lesen gefährdet die Dummheit. ***Schluss*** *Rückbindung an Einstieg*

Haben Sie's gewusst?

weniger

Test 2– Prüfungsaufgabe *Minimalismus*

Abstract zu Material 1: Zitate

Die Zitate von Künstlern, Denkern und Politikern raten alle dazu, das Leben zu vereinfachen und das Besitzstreben zu reduzieren. Wenn sich jeder zurückhalte und seine Gier zügle, hätten alle ausreichend zum Leben.

Abstract zu Material 2:

Gianna Carina Gruen: Wenig besitzen, aber viel Freiheit haben – das Minimalismus-Interview (jetzt.de)

In dem Interview gibt der 21-jährige Berliner Sebastian Michel darüber Auskunft, warum er den Minimalismus als Lebensmaxime gewählt hat. Er erläutert, dass es ihm dadurch leichter falle, sich auf das für ihn Wichtige zu fokussieren und den Augenblick zu genießen. Sein Ideal sei der digitale Nomade, der nicht an materiellen Besitz gebunden sei, sondern innerlich frei seine Ziele verfolgen könne.

Abstract zu Material 3:

Susanne Schäfer: Das einfache Leben (ZEIT Wissen, 14. 04. 2015)

Der Artikel kommentiert kritisch und ironisch den Trend, sich am einfachen Leben zu orientieren und sich paradoxerweise dafür immer mehr Hilfsmittel anzuschaffen. Grund sei die innere Zerrissenheit des Menschen, materielle Werte geringzuschätzen, aber doch auf nichts verzichten zu wollen. Der Wunsch, zur Natur zurückzukehren und sich auch bei der Ernährung auf die Essgewohnheiten der Urzeit zu besinnen, stehe im Widerspruch zur technischen Aufrüstung, mit der diese Vereinfachung bewerkstelligt werden soll.

Abstract zu Material 4:

Jessica Golatka: Leben ohne Luxus im Aussteigerdorf (NDR.de, 10. 03. 2015)

Der Artikel berichtet von dem ohne Luxus und moderne Annehmlichkeiten auskommenden Leben in „Zytanien", einer Siedlung in einer Industrieruine bei Hannover. Die ca. 20 Bewohner verzichten auf Strom und fließendes Wasser, genießen dafür aber ihre Freiheiten und den familiären Zusammenhalt.

Abstract zu Material 5:

Meldung des Statistischen Bundesamts (23. 06. 2015)

Laut Statistischem Bundesamt hat 2013 jeder Deutsche 617 kg Abfall produziert. Im europäischen Vergleich liegt Deutschland damit deutlich über dem Durchschnitt von 481 kg pro Einwohner.

Abstract zu Material 6:

Eva Tenzer: Bitte weniger! Und einfacher! Minimalismus ist Kult
(Badische Zeitung, 12. 10. 2015)

Der Text beleuchtet den Zusammenhang zwischen materiellem Besitz und Glücksempfinden. Dem Easterlin-Paradox zufolge steigt die Lebenszufriedenheit nicht parallel zum wachsenden Wohlstand, sondern nimmt ab einem gewissen Punkt sogar wieder ab. Da die Wirtschaft nach immer weiterem Wachstum strebe, suggeriere sie uns, dass der Konsum zu mehr Glück führe. Tatsächlich müssten wir, um Umwelt und Ressourcen zu schonen, uns um mehr Suffizienz bemühen.

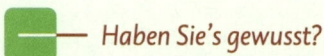

Abstract zu Material 7: Cartoon

Der Cartoon zeigt zwei Betrachter vor einem modernen Kunstwerk, das nur eine große weiße Fläche darstellt. Während der eine bewundernd staunt, reagiert der andere skeptisch und lehnt das Werk als zu minimalistisch ab. Aufs Korn genommen werden in diesem Cartoon die völlig reduzierte Kunst, die ihren Verzicht auf eigene Akzente und darstellerische Mittel mit dem Etikett „Minimalismus" verschleiert, sowie die kritiklose Akzeptanz vieler Menschen.

Leben auf Diät – Die Kraft der Beschränkung

Ein Laptop, ein Handy, ein iPod, ein Tennisschläger, eine Gitarre samt Hülle (zählt als ein Gegenstand), ein Notenständer, ein von der Oma geerbter Teddybär, eine Schneiderpuppe, zwei Poster und drei Gemälde, ein Schulrucksack, 61 Bücher (Schulbücher nicht mitgezählt), ein Tagebuch, Schreibzeug (oder muss da jeder Bleistift einzeln gezählt werden?), ein Malkasten, eine Spielesammlung, etwa ein Dutzend herumliegende Kleidungsstücke (ein Schlafanzug, einige Shirts, eine Jeans, Joggingschuhe), ein Kerzenständer mit Kerze (wird einfach gezählt), eine Zimmerpalme, 3 Jonglierbälle – diese 100 Dinge liegen oder stehen momentan in meinem Zimmer herum. Weiter möchte ich gar nicht zählen, denn mir ist klar: Die 120-Dinge-Marke wird gleich erreicht und rasend schnell überschritten sein, wenn ich die Türen des Kleiderschranks öffne, die Schubladen des Schreibtischs aufziehe, all den Krimskrams auf den Regalen hinzuzähle. Möbel, Lampen, Teppiche und ähnliche Ausstattungssachen deklariere ich der Einfachheit halber zum Familienbesitz, den man nicht mir persönlich anrechnen kann. *Einstieg* *120 Dinge*

Ist das möglich, dass Menschen mit nur 120 Dingen auskommen? Ein junger Berliner namens Sebastian Michel singt ein wahres Loblied auf diesen neuen Lebensstil, der sich Minimalismus nennt. Er gebe ihm die Möglichkeit, sein Leben mit „so viel Wert wie möglich" zu füllen: Leidenschaften, Zielen, Zeit für sich selbst. Nachteile sieht „Mr. Minimalist" nicht. Ganz im Gegenteil: Der radikale Verzicht auf materielle Dinge bringe ihm einen immensen Gewinn an Lebensqualität. Das heißt für ihn: ein bewussteres, aufgeräumtes Leben, Unabhängigkeit und Freiheit, Konzentration auf wirklich Wichtiges, Entwicklung eines „neuen Ich", Genuss des Augenblicks. *Hauptteil* *Bezug zu M 2* *neuer Lebensstil: Minimalismus*

Ganz neu sind diese Ideen vom einfachen Leben ja nicht. Schon die Klöster im Mittelalter propagierten ein Leben in Armut. Im Barock-Zeitalter galt das Motto „Carpe diem" – genieße den Tag. Allerdings hatte man damals auch andere Sorgen als unser Mr. Minimalist. Pest und Cholera, Krieg und Hungersnot waren nicht nur abstrakte Gefährdungslagen, sondern ganz konkrete Bedrohungen für das Leben der meisten Menschen. Mr. Minimalist hingegen kann frei entscheiden, worauf er verzichten und was er genießen möchte. Den Fernseher als Zeiträuber schafft er großzügig ab, der Besitz eines Laptops hingegen ist für ihn absolut verbindlich, träumt er doch von einem Leben als „digitaler Nomade". Ist das alles nicht ein bisschen scheinheilig? Fernsehen kann man ja auch im Internet, bei Youtube bekommt man per Mausklick alle möglichen Filme und Musikvideos – überall auf der Welt! Das Nomadentum des digitalen Menschen ist nur möglich, solange die anderen Normalos die nötige Infrastruktur bereitstellen – und die ist ziemlich komplex und aufwendig. Von wegen aufgeräumt! *Blick in die Geschichte*

Haben Sie's gewusst?

Bezug zu M 3

einfaches Leben voll im Trend

„Wenig besitzen, aber viel Freiheit haben" – dieser Wunsch nach dem einfachen Leben liegt momentan gerade bei den Begüterten voll im Trend. „Zurück zur Natur", „Rawfood" und „Rohvolution", „Simplify your life" heißen die Schlagworte. Neue Zeitschriften, die das Landleben preisen, Ratgeber für Outdoor-Abenteuer, Reiseangebote für Survival-Urlaub und und und … Sie alle versprechen dem konsumgesättigten Wohlstandsbürger ein ursprünglicheres, erfüllteres Leben. Erfüllt wovon? Die Umstellung auf das sogenannte

Bezug zu M 1

Das einfache Leben ist kompliziert.

„einfache" Leben ist heutzutage alles andere als simpel. Schon der chinesische Philosoph Konfuzius bemerkte lange vor unserer Zeitrechnung: „Das Leben ist einfach, aber wir bestehen darauf, es kompliziert zu machen." Wie wahr! Würde er heute leben, könnte er beobachten, wie die Helikopter-Eltern des 21. Jahrhunderts mit dem SUV zum Biomarkt fahren, um dort naturbelassene Karotten für die Kids zu kaufen. Er könnte staunen, wie die meist unbegründete Angst vor Gluten, Zucker und Laktose viele dazu treibt, lieber teure chemische Cocktails aus allem Möglichen zu verzehren als ein Brot aus Getreide zu essen. Auch die Umsatzzahlen von Powermixern, Saftpressen und Personal Blendern, Dörrgeräten, Spiralschneidern und Wasservitalisierern, die für das kulinarische *Retour à la nature* unerlässlich sind, würden ihn in seiner Auffassung bestätigen. Warum einfach, wenn es auch kompliziert geht, heißt die Devise, die Konfuzius' Botschaft entgegengesetzt wird.

Bezug zu M 4

Beispiel „Zytanien"

Vielleicht gehören die Bewohner Zytaniens zu Konfuzius' Anhängern? Dieses ungewöhnliche Dorf auf dem Gelände einer ehemaligen Ziegelei nahe Hannover ist seit etwa 30 Jahren das Zuhause von Menschen, die anders leben und wohnen wollen. Der Verzicht auf die heutzutage selbstverständliche Ausstattung mit fließendem Wasser, Zentralheizung, Badezimmer, Strom und anderem Luxus fällt den knapp 20 Zytaniern zwar nicht immer leicht. Aber der Gewinn an persönlicher Freiheit, Ruhe, Nähe zur Natur und Gemeinschaftssinn wiegt offensichtlich schwerer. Nur so lässt sich erklären, dass die 18-jährige Milena den weiten und streckenweise mühsamen Weg zu ihrer Ausbildungsstelle in Hannover in Kauf nimmt, um bei ihrer „Familie" in Zytanien zu bleiben. Auch Philipp Kapp, Vater eines fünfjährigen Jungen, scheut Müh und Plag des einfachen Lebens nicht: „Mein Sohn hat hier so viele Entfaltungsmöglichkeiten, viel mehr als in der Stadt. Auch wenn wir hier zusammen auf vielleicht 25 Quadratmetern leben, haben wir doch ganz viel Platz für uns."

Bezug zu M 1

Besitz und Glück: das Easterlin-Paradox
Bezug zu M 6

Genug Platz für uns, genug Platz für mich? „Die Welt hat genug für jedermanns Bedürfnisse, aber nicht für jedermanns Gier", sagte Mahatma Gandhi (1869–1948). Diese Feststellung passt gut zu den neuesten Veröffentlichungen der Organisation Oxfam: Die 62 reichsten Menschen dieser Welt verfügen demnach über genau so viel Vermögen wie die ärmere Hälfte der gesamten Weltbevölkerung (Stand 2016). Materieller Besitz, so werden die Minimalisten cool kontern, macht aber gar nicht glücklich. Das haben übrigens diverse empirische Untersuchungen immer wieder bestätigt. Die Ergebnisse sind unter dem Stichwort „Easterlin-Paradox" bekannt: Steigende Einkommen führen nur bis zu einem bestimmten Punkt zu steigender Lebenszufriedenheit. Sobald die grundlegenden Bedürfnisse des Menschen erfüllt sind, stagniert die Glückskurve. Und seien wir ehrlich: Wir alle kennen dieses Phänomen aus eigener Erfahrung. Da kauft man sich das zehnte Seidentop in der Modefarbe, die gerade ein absolutes *Must have* ist – und nach dem ersten Tragen verschwindet es im Schrank und wird nicht einmal vermisst. Ganz im Gegenteil: Weil solche Käufe sich häufen, herrscht zunehmend qualvolle Enge und überfordernde Unübersichtlichkeit im Schrank. Wäre gähnende Leere die bessere Lösung?

— Haben Sie's gewusst?

Für die belastete Umwelt ganz sicher! Die Fixierung der westlichen Welt auf stetiges Wachstum und das Konsumverhalten ihrer Bürger haben im letzten Jahrhundert dazu geführt, dass die Umwelt mehr und mehr zerstört wurde und die Ressourcen schwinden. Leidtragende dieser Entwicklung sind die Bewohner der Dritten Welt. Dort macht sich niemand Gedanken, wie er seinen Reichtum reduzieren und sein Eigentum einschränken kann, denn die meisten haben kaum genug zum Überleben. In den Industrieländern hingegen ist der Überfluss so groß, dass z. B. in Deutschland im Jahr 617 Kilogramm sogenannter „Siedlungsabfall" pro Einwohner anfallen: Haushaltsabfälle, Abfälle aus Gewerbe und Industrie, Verpackungsmüll. In der Produktion von Abfall sind wir Deutschen Europameister, wie sich den Daten des Statistischen Bundesamtes entnehmen lässt.

Bezug zu M 5 und M 6

Umweltaspekte von Konsum

Aber was wäre, wenn sich alle Einwohner Deutschlands der Minimalismus-Bewegung anschließen würden? Wenn sie sich dazu entschließen würden, nur noch 120 Dinge zu besitzen? Wenn sie sich den Verlockungen der Konsumgesellschaft mit ihrem „immer weiter, immer mehr" verschließen würden? Kaum auszumalen, was dann alles nötig und möglich würde: Carsharing, Ausleihsysteme für selten gebrauchtes Werkzeug und Maschinen, Tauschbörsen für Kleider, Nachbarschaftshilfe für Gartenarbeit usw. Die Kurve fürs Bruttosozialprodukt würde in einer solchen *Sharing economy* steil nach unten abfallen, die Glückskurve kontinuierlich steigen. Eine schöne Vision! Eine Utopie?

Minimalismus – ein Weg für alle?

Ich muss ganz offen gestehen: Die Vorstellung, mich radikal zu beschränken und nur das Nötigste zu besitzen, ist für mich persönlich eher ein Schrecken. Laptop, Handy, iPod, Tennisschläger, Gitarre – das sind Dinge, von denen ich mich nicht trennen mag, denn sie bereichern mein Leben und manchmal auch das meiner Mitmenschen. Auch an meinen sechs Kuscheltieren hänge ich, denn sie sind mit Erinnerungen an meine Kindheit verknüpft. Die Poster und Bilder werde ich wahrscheinlich nicht ewig behalten, denn mein Geschmack ändert sich immer wieder – aber bestimmt nicht in Richtung minimalistischer Kunst.

Schluss

Anbindung an Einstieg
Bezug zu M 7

„Mr. Minimalismus" und seine Anhänger haben mich allerdings davon überzeugt, dass es nicht schlecht wäre, mein Zimmer wieder einmal aufzuräumen, den Schrank auszumisten und die abgelegten Kleider im nahen Flüchtlingsheim vorbeizubringen. Die 120-Dinge-Marke werde ich auch nach diesen Aktionen nicht erreicht haben. Aber vielleicht bin ich dann dem guten einfachen Leben ein weniger näher gekommen. Ich bekenne mich zu einem minimalistischen Maximalismus!

persönliches Bekenntnis, Wortspiel „minimalistischer Maximalismus"

Jetzt mal **BUTTER** bei die Fische.

Feedback

Liebe Kundin, lieber Kunde,

der STARK Verlag hat das Ziel, Sie effektiv beim Lernen zu unterstützen.
In welchem Maße uns dies gelingt, wissen Sie am besten. Deshalb bitten wir Sie,
uns Ihre Meinung zu den STARK-Produkten in dieser Umfrage mitzuteilen:

www.stark-verlag.de/feedback

Als Dankeschön verlosen wir einmal jährlich, zum 31. Juli, unter allen
Teilnehmern ein aktuelles Samsung-Tablet. Für nähere Informationen
und die Teilnahmebedingungen folgen Sie dem Internetlink.

Herzlichen Dank!

Haben Sie weitere Fragen an uns?
Sie erreichen uns telefonisch **08167 9573-0**
per E-Mail **info@stark-verlag.de**
oder im Internet unter **www.stark-verlag.de**

Erfolgreich durchs Abitur mit den **STARK** Reihen

Abiturprüfung

Anhand von Original-Aufgaben die Prüfungssituation trainieren. Schülergerechte Lösungen helfen bei der Leistungskontrolle.

Abitur-Training

Prüfungsrelevantes Wissen schülergerecht präsentiert. Übungsaufgaben mit Lösungen sichern den Lernerfolg.

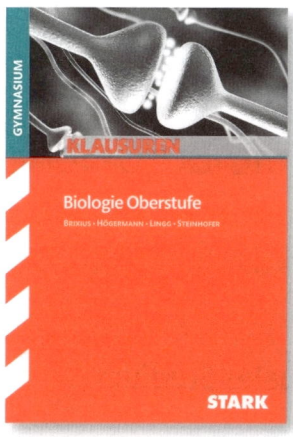

Klausuren

Durch gezieltes Klausurentraining die Grundlagen schaffen für eine gute Abinote.

Kompakt-Wissen

Kompakte Darstellung des prüfungsrelevanten Wissens zum schnellen Nachschlagen und Wiederholen.

Interpretationen

Perfekte Hilfe beim Verständnis literarischer Werke.

Und vieles mehr auf www.stark-verlag.de

Abi in der Tasche – und dann?

In den **STARK** Ratgebern findest du alle Informationen für einen erfolgreichen Start in die berufliche Zukunft.

Manuel Thaler
Florian Mörchel

Duales Studium

Der Wegbegleiter ins Berufsleben

Beruf & Karriere

Unverzichtbares Insiderwissen
von Dualen Studenten für
Duale Studenten

STARK

Dr. Angela Verse-Herrmann
Dr. Dieter Herrmann

Der große Studienwahltest

So entscheide ich mich für das richtige Studienfach

Beruf & Karriere

Interessen herausarbeiten
Stärken erkennen
Die optimale Studienwahl treffen

STARK

Dr. Angela Verse-Herrmann
Dr. Dieter Herrmann

Studieren, aber was?

Die richtige Studienwahl für optimale Berufsperspektiven

Beruf & Karriere

Alle Studienmöglichkeiten & Kombinationen
Den Wunschstudienplatz bekommen
Studienfinanzierung: nützliche Tipps

STARK

Angela Verse-Herrmann
Dieter Herrmann
Joachim Edler

Der große Berufswahltest

So entscheide ich mich richtig

Beruf & Karriere

Bewährte Testverfahren
Alle Ausbildungswege nach der Schule
Mehr als 150 Berufsbilder

STARK

Dr. Angela Verse-Herrmann
Dr. Dieter Herrmann

Erfolgreich bewerben an Hochschulen

So bekommen Sie Ihren Wunschstudienplatz

Beruf & Karriere

Bewerbungsverfahren kennen
Auswahltests bestehen
Wege in die Medizinstudiengänge

STARK

**Alle Titel zu
Beruf & Karriere
www.berufundkarriere.de**

26-V_TRAbi

Bestellungen bitte direkt an
STARK Verlag GmbH · Postfach 1852 · 85318 Freising · www.stark-verlag.de
Telefon 08167 9573-0 · Fax 0811 6000499-191 · info@stark-verlag.de

STARK